21世纪财务会计系列教材

会计综合模拟实训

赵　莉　编著

厦门大学出版社
XIAMEN UNIVERSITY PRESS
国家一级出版社
全国百佳图书出版单位

图书在版编目(CIP)数据

会计综合模拟实训/赵莉编著.—厦门:厦门大学出版社,2020.6
21 世纪财务会计系列教材
ISBN 978-7-5615-7782-0

Ⅰ.①会… Ⅱ.①赵… Ⅲ.①会计学 Ⅳ.①F230

中国版本图书馆 CIP 数据核字(2020)第 063921 号

出 版 人 郑文礼
责任编辑 许红兵

出版发行 厦门大学出版社
社 址 厦门市软件园二期望海路 39 号
邮政编码 361008
总 机 0592-2181111 0592-2181406(传真)
营销中心 0592-2184458 0592-2181365
网 址 http://www.xmupress.com
邮 箱 xmup@xmupress.com
印 刷 厦门市明亮彩印有限公司

开本 787 mm×1 092 mm 1/16
印张 12.5
字数 200 千字
版次 2020 年 6 月第 1 版
印次 2020 年 6 月第 1 次印刷
定价 48.00 元

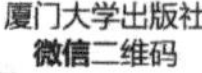
厦门大学出版社
微信二维码

厦门大学出版社
微博二维码

前　言

会计综合模拟实训是融合会计理论与实务为一体的综合性专业课程，是以培养学生运用综合理论动手解决实际问题，提升专业技能为宗旨的实践必修课。

长期以来会计学专业学生面对会计实务中各种各样的会计凭证、账簿、报表，面对复杂纷繁的经济业务、会计核算程序和方法，往往都需要一个比较长的适应和重新学习的过程。学生如何把理论知识应用于实际工作，形成全面直观的认识，在步入工作岗位后尽快进入角色，缩短“适应期”并胜任会计工作，是本教材编写的目的。

本教材以高仿真性、综合性和易操作性为主要特点，运用直观性原则，通过具体的实物形象，引导学生充分感知，实现能力上手的效果。在仿真模拟环境中，学生如同置身于实际单位的财务部门，自己动手“建账→填制和审核原始凭证→编制记账凭证→登记账簿→月末对账及结账→编制会计报表”，与实际工作完全一致。通过模拟实践，可使学生对会计工作的全貌有清晰、直观的了解，既可以培养学生的动手能力，又能够加深学生对会计基础理论和会计实际工作内在联系的认识，为提高教学水平和教学质量奠定坚实的基础。

本教材是赵莉主持的 2019 年度国家民委高等教育教学改革研究项目（项目编号 19052）的阶段性成果，也是西藏自治区高等学校重点实验室——“会计综合实验室”建设成果之一。本教材在编写过程中，西藏民族大学教务处、财经学院、管理学院等相关部门给予了大力支持和帮助，在此表示感谢。同时，本教材参考和引用了国内外会计学专家学者的大量优秀文献，吸收和借鉴了最新的研究成果以及有关部门发布的制度文件，在此一并深表感谢。

由于水平和时间所限，本书尚有不妥与疏漏之处，敬请广大读者批评指正。

编者
2020 年 1 月

目 录

第一篇 会计基础理论

第二篇　会计实务综合模拟实训

第一篇

会计基础理论

第一章　会计凭证

第一节　会计凭证概述

一、会计凭证的概念和作用

会计凭证是记录经济业务的发生和完成情况，明确经济责任，作为记账依据的书面证明。填制或取得会计凭证是会计工作的初始阶段和基本环节。

会计凭证在经济管理中主要有以下三方面作用：

第一，是审核经济业务的依据。经济业务是否真实、正确、合法、合理，在记账前都要根据会计凭证逐笔审核。由于会计凭证是经济业务的真实写照，因此，通过凭证审核，可以检查该项业务是否正常，是否符合有关政策、法令、制度、计划和预算等的规定，从而起到会计监督和保护财产安全的作用。

第二，是记账的依据。记账必须以经过审核无误的会计凭证为依据，这保证了会计记录的客观性、真实性和规范性，防止主观臆断和弄虚作假等行为。

第三，可以明确经济责任。由于每一项经济业务都要填制或取得适当的会计凭证，有关经办人员都要在凭证上签字，以示负责，这样就明确了经济责任，促使有关人员在自己的职责范围内严格按照规章办事，从而为建立经济责任奠定了基础。

二、会计凭证的种类

会计凭证多种多样，可以按照不同的标志予以分类。最基本的是按其填制程序和用途分类。按填制程序和用途，会计凭证可以分为原始凭证和记账凭证两大类。对原始凭证和记账凭证，又可以根据不同的标志划分为若干种类，其具体情况如图 1-1 所示。

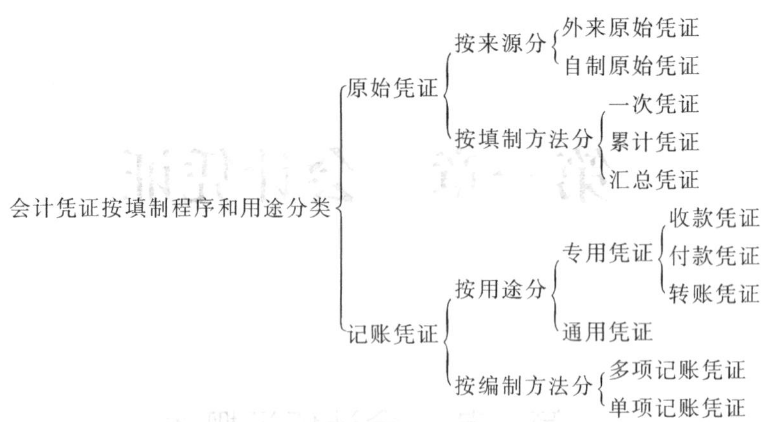

图 1-1 会计凭证分类示意图

第二节 原始凭证

一、原始凭证的种类

原始凭证，是在经济业务发生时直接取得或填制的，证明经济业务已经发生，明确经济责任，并用作记账原始依据的具有法律效力的书面证明。原始凭证按其来源不同，可以分为自制原始凭证和外来原始凭证。

自制原始凭证，是指本单位内部经办业务的部门或个人在执行或完成某项经济业务时自行填制的原始凭证。自制原始凭证按其反映业务的方法不同，又可以进一步划分为一次凭证、累计凭证和汇总凭证。

一次凭证，是指只反映一项经济业务或同时反映若干项同类经济业务的凭证。其主要特点是填制手续一次完成，因此称为一次凭证。绝大多数原始凭证都是一次凭证，如借款单、差旅费报销单、领料单等。

累计凭证，是指在一定时期内连续记载若干项同类经济业务的原始凭证。其主要特点是填制手续不是一次完成的，而是可以随时计算同类经济业务发生额的累计数，比如限额领料单。在限额领料单中，规定某种材料在一定时期内的领用限额；每次领用材料，要在限额领料单中进行逐笔登记，并随时结出累计领用量；到期末再计算出本期实际领用的数量和金额，送交企业有关部门和会计部门作为核算的依据。

汇总原始凭证是根据若干相同的原始凭证或会计核算资料，定期汇总起来而填制的凭证。汇总原始凭证既可以为企业经营管理提供所需要的总量指标，又可以大大简化核算手续。例如工资结算汇总表、材料发出汇总表等都属于汇总原始凭证。

外来原始凭证，是指企业或个人在与外单位发生经济往来关系时，从外单位取得的原始凭证。例如，购货发票、银行收款或付款通知、车船及市内交通工具的票据都是外来原始凭证。外来原始凭证一般都是一次凭证。

二、原始凭证的内容

为了正确地记录所发生的每项基本经济业务，明确经济责任，各种原始凭证都必须具备一些共同的基本内容，这些基本内容主要有：

1.原始凭证的名称；

2.填制凭证的日期；

3.凭证的编号；

4.填制凭证的单位和接受凭证单位的名称；

5.经济业务的基本内容，其中包括发生的数量、单价和金额等；

6.填制凭证单位有关经办人员的签字盖章。

三、原始凭证的填制要求

原始凭证作为经济业务的原始证明，其填制必须符合一定的要求。这些要求是：

1.真实。凭证上填列的日期、业务内容和数字必须真实可靠，不得以匡算或估算数填入。

2.完整、清楚、正确。凭证规定的填写项目必须填列齐全，不可遗漏。填写扼要的文字说明，数字清楚，易于辨认，数量、单价、金额等的计算必须正确。如遇凭证填写错误，一般可用划线法更正；但重要凭证如收据、支票等，应予作废重填。凡作废凭证，应在凭证上加盖“作废”字样，并与存根一起保存，不得撕毁。

3.及时。每项经济业务在发生或完成后，应由经办人员立即填制原始凭证，经签字盖章后立即递交会计部门，以便会计部门审核后及时记账。

4.具体的技术性要求：

第一，从外单位取得的原始凭证，必须盖有填制单位的公章；相应的，对外开出的原始凭证，必须加盖本单位的公章。从个人取得的原始凭证，必须有填制人员的签名或者盖章。

第二，自制的原始凭证，必须有经办单位的领导人或者由单位领导人指定的人员的签名或者盖章。对一式多联的自制凭证，各联的颜色应明显不同，并标明各联用途，填制时要用复写纸套写。

第三，购买实物的原始凭证，必须有验收证明。这样要求，目的是明确经济责任，保证账物相符，防止盲目采购，避免物资短缺和流失。

第四，支付款项的原始凭证，必须有收款单位和收款人的收款证明，不能仅以支付款项的有关凭证如银行汇款凭证等代替。其目的是防止舞弊行为的发生。

第五，发生销货退回的，除填写退货发票外，还必须有退货验收证明；退款时，必须取得对方的收款收据或者汇款银行的凭证，不得以退货发票代替收据。

第六，职工公出借款凭据，必须附在记账凭证之后。收回借款时，应当另开收据或者退还借款副本，不退还原借款收据。

第七，经上级有关部门批准的经济业务，应当将批准文件作为原始凭证附件。如果批准文件需要单独归档的，应当在凭证上注明文件的批准机关名称、日期和文号，以便确认经济业务的审批情况和查阅。

四、原始凭证的审核

为了保证原始凭证的真实性、合法性和正确性，会计部门必须对各种原始凭证进行严格审核。这是会计工作的必要环节，也是发挥会计监督作用的重要手段。

审核原始凭证，主要从以下几个方面进行：

1.审核原始凭证的真实性。即审核原始凭证的内容是否符合所发生经济业务的实际情况，有无弄虚作假、营私舞弊、伪造和涂改等行为。

2.审核原始凭证的合法性。所谓合法性，首先指原始凭证的形式合法，如外购商品必须取得税务部门统一格式的税票；单位内部结算业务，必须填制会计部门印制的统一格式凭证。其次，票据所反映的经济业务内容必须合法、合规，审批程序必须合乎规定。

3.审核原始凭证的完整性和正确性。对原始凭证的填写进行完整性和正确性的审核，也就是审核原始凭证的填制是否符合要求，各个项目内容是否填列齐全，数量、单价、金额的数字计算和小计、合计是否正确，大写、小写金额是否一致，书写是否清楚，有关部门和人员签章是否具备等。

经严格审核，对符合要求的原始凭证，会计人员应及时编制记账凭证并登记账簿。对记载不正确、不完整，不符合规定的原始凭证，应退还有关部门或人员按规定进行补填或更正。对于不合法的原始凭证，会计人员应拒绝受理，并及时报告领导处理。

第三节　记账凭证

一、记账凭证的种类

记账凭证是由会计人员根据原始凭证或汇总原始凭证填制的，用以确定会计分录，作为记账依据的一种会计凭证。只有审核无误的记账凭证，才能据以登记账簿。

记账凭证分为专用凭证和通用凭证。

1.专用凭证，按其反映经济业务的内容不同，可以分为收款凭证、付款凭证和转账凭证。

收款凭证是用于现金和银行存款的收款业务的凭证。它是出纳人员根据库存现金收入业务和银行存款收入业务的原始凭证编制的专用凭证，据以作为登记现金和银行存款等有关账户（账簿）的依据。

付款凭证是用于现金和银行存款付款业务的凭证。它是出纳人员根据库存现金和银行存款付出业务的原始凭证编制的专用凭证，作为登记现金和银行存款等有关账户（账簿）的依据。

对于现金、银行存款之间进行的存取款业务，只编付款凭证，不编收款凭证，以免出现重复记账。

转账凭证是用于不涉及现金和银行存款收付的转账业务的凭证。它是会计人员根据有关转账业务的原始凭证编制的，作为记账依据的专用凭证。

2.通用凭证。将记账凭证分为以上收款凭证、付款凭证和转账凭证三种，便于按经济业务对会计人员进行分工，也便于提供分类核算数据，为记账工作带来方便。此种做法为大多数企事业单位所采用。但是，有些小型单位会计人员较少、业务相对较单纯，为了简化核算，对全部业务不分收款、付款、转账，通用一种记账凭证，这种凭证就是通用凭证。其格式与转账凭证基本一致。

二、记账凭证的内容

尽管各种记账凭证的格式、内容不尽相同，但编制记账凭证的目的在于反映经济业务，便于登记账簿和日后查阅。所以，记账凭证一般都应具备以下基本内容：

1.记账凭证名称；

2.填制凭证的日期；

3.经济业务内容摘要；

4.会计科目（包括明细科目）的名称、金额；

5.凭证编号；

6.所附原始凭证、汇总原始凭证及其张数；

7.填制凭证人员、稽核人员、记账人员、会计主管人员签名或盖章，收付款的记账凭证还应由出纳人员签名或盖章。

三、记账凭证的填制

为了正确登记账簿，保证会计核算质量，填制记账凭证应注意以下几点：

1.根据审核后的原始凭证或原始凭证汇总表，按照经济业务的内容和会计制度的规定加以归类，并据以确定会计分录及金额。

2.按照记账凭证的格式、内容和要求填制记账凭证。

3.记账凭证填制完成以后，应送交审核人员审核，确认无误后，记账人员方可据以记账。

其具体填制方法如下：

1.摘要栏是对经济业务的简要说明，必须认真正确地填写，不得漏填或错填。如果漏填，则无法从记账凭证上了解经济业务的内容，不便登记明细账；如果错填，就会影响所反映经济业务的正确性。

2.会计科目使用必须正确。必须按照发生的经济业务性质选择相应的会计科目，以对经济业务进行真实准确的反映。

3.金额的登记方向、大小写数字必须正确，符合数字书写规定，角分位不留空白，多余的金额栏应划线注销。合计金额的第一位数字前要填写人民币符号（¥）

4.一张记账凭证填写完毕，应按所使用的记账方法，检查平衡关系。

5.记账凭证必须连续编号，以便查考。每月均自第1号起编。采用专用凭证的，应分别每种专用凭证进行编号。例如，收字第1号、付字第1号、转字第1号等。一笔复合会计分录需要编制多张记账凭证，可以采用“分数编号法”。

例如，一笔经济业务需编制四张转账凭证，该转账凭证的顺序号为第 8 号，则这笔业务可编制转字第 $8\frac{1}{4}$号、第 $8\frac{2}{4}$号、第 $8\frac{3}{4}$号和第 $8\frac{4}{4}$号四张凭证。每月最后一张记账凭证的编号旁边要加注“全”字，以防凭证发生散失。

6.每张记账凭证都要注明所附原始凭证张数，以便查考。如有重要资料或原始凭证数量过多需要另行保管的，要在注明附件张数处说明。

7.填写记账凭证完毕后，要由有关人员签名盖章。

上述填制记账凭证的方法和要求主要适用于手工记账；对于实行会计电算化的单位，填制记账凭证的有关要求，应当符合财政部关于会计电算化方面的规定。

四、记账凭证的审核

为了保证账簿记录的正确性，监督款项和物资的收付，必须对记账凭证进行审核。只有审核无误的记账凭证，才能作为记账的依据。

记账凭证的审核应由专人负责，审核的主要内容如下：

1.记账凭证是否附有原始凭证，所附原始凭证的实际张数与记账凭证上所填列的附件张数是否一致，记账凭证所反映的经济业务内容与所附原始凭证是否相等。

2.记账凭证所确定的会计分录是否正确，所记金额有无错误，借方金额与贷方金额是否平衡相等，一级科目金额与所属明细科目金额合计是否相符。

3.记账凭证格式中所列各项内容是否填列齐全，有无遗漏和错误，有关人员是否都已签名或盖章。

相关阅读 1

西式复式记账法和注册会计师行业的引入

清末民初，拥有海外工作或学习阅历的蔡锡勇和谢霖两位先生是大力引进域外会计经验的领军人物。他们的历史功绩突出体现为两个方面：一是把西式记账法引入我国，改良传统的中式会计；二是把注册会计师制度引入我国。两位本着家国天下的责任感大力引进有益的域外经验，其理论勇气值得称赞。

一、率先引进西式复式记账法——蔡锡勇

蔡锡勇(1847—1898)，字毅敬，福建龙溪人，中国速记法的创始人，洋务实业的开拓者，以晚清外交人员身份在海外游历多年。蔡锡勇以其丰富的阅历，开阔的视野，撰写《连环账谱》一书，率先向国内介绍西方复式簿记。

《连环账谱》既是我国出版的第一部介绍西式复式簿记的专著，也是第一次立足于中西账法相结合以达到改良中式会计目的之创举。它是西式复式账法引进的先导，是后来中式簿记改良的先声，对于推动我国近代会计的发展具有重要意义。

二、推行借贷记账法和注册会计师制度的先驱——谢霖

谢霖(1885—1969)，字霖甫，江苏人。在大清银行(中国银行的前身)和交通银行推广

借贷记账法，实现了从引进到推广的转变。与孟森合著有《银行簿记学》一书。他还是我国注册会计师制度的创始人，我国第一位注册会计师，创办了我国第一家会计师事务所。

谢霖精于会计学与经济法，强调会计行业一定要遵循法律，要学法懂法，办事要持公正态度，要以单据、账册为依据，不应虚伪呈述，不能稍涉偏私，必须严格遵守职业道德。

谢霖先生强调，会计必须以账册为依据，遵守法律，反映事实。他的理念与1985年颁布的《中华人民共和国会计法》的规定相似。

资料来源：周华.法律制度与会计规则[M].中国人民大学出版社，2016.

第二章　会计账簿

第一节　会计账簿概述

一、账簿的基本内容

账簿是根据会计凭证，用来序时、分类地记录和反映各项经济业务的会计簿籍。它由具有专门格式，而又以一定形式联系在一起的账页所组成。设置和登记账簿是会计核算的一种专门方法。各种账簿所记录的经济业务不同，其格式也是多种多样的。但各种账簿都应具备以下主要内容：

1.封面：标明账簿名称和记账单位名称。

2.扉页：标明账簿的启用日期和截止日期、页数、册次、经管人员一览表和签章、会计主管人员签章、账户目录等。

3.账页：账页根据其反映经济业务的不同而具有多种格式，但基本上应包括以下基本内容：

(1)账户名称(一级会计科目、二级或明细科目)；

(2)日期栏；

(3)凭证种类和号数栏；

(4)摘要栏(对经济业务内容作简要说明)；

(5)金额栏(记录经济业务增减变动的数额及余额)；

(6)总页次和分页次等。

二、账簿的种类

账簿一般可以按其用途和外表形式进行划分。

(一)按用途分类

账簿按其用途不同，可分为序时账簿、分类账簿和备查账簿三种。

序时账簿，是按照经济业务发生的时间先后顺序，逐日逐笔进行登记的账簿。在实际工作中，这种账簿通常是按照记账凭证编号的先后顺序逐日进行登记的，因此，又称日记账。它的特点是序时登记和逐笔登记。在实际工作中，为了加强对货币资金的监督和管理，各单位应专门设置现金和银行存款两种特种日记账，即现金日记账和银行存款日记账，专门记录和反映现金和银行存款的收支业务。

分类账簿是指对经济业务进行分类登记的账簿。包括总分类账簿和明细分类账簿两种。总分类账簿（也称总分类账，简称总账）是根据总分类科目设置的，用来登记各项资产、负债、所有者权益、收入、成本费用、利润的增减变动情况，提供总括核算资料的分类账簿。明细分类账簿（也称明细分类账，简称明细账）是根据二级或明细科目设置的，用来登记某一类经济业务的发生情况及明细核算资料的分类账簿。明细分类账是对总分类账的补充和具体化，并受总分类账的控制和统驭。总账和明细账是编制会计报表的主要依据。

备查账簿是指对那些未能在序时账簿和分类账簿等主要账簿中记载的事项，进行补充登记的账簿。备查账簿可以为某项经济业务的内容提供必要的参考资料，加强企业单位对使用和保管的属于他人的财产物资的监督。租入固定资产登记簿、受托加工材料登记簿、代销商品登记簿等便是备查账簿。备查账簿可以根据企业单位的实际需要设置，并根据需要提供的资料内容来规定其具体格式，并非每个单位都要设置备查账簿。

（二）按外表形式分类

账簿按其外表形式不同，可分为订本式账簿、活页式账簿和卡片式账簿。

订本式账簿，是在启用前就把许多账页固定地装订在一起的账簿。重要的和统驭性的账簿，如现金和银行存款日记账、总分类账等，一般应采用订本式账簿。其优点是，可以使账页不致散失，防止账页的随意抽换。但这种账簿的账页是固定的，不便于根据实际需要增减账页，易发生账页不足或多余现象，从而影响登记账簿的连续性或造成账页浪费。而且在同一时间只能由一个人登记，不利于记账工作的分工，也不利于运用计算机记账。

活页式账簿和卡片式账簿是指账页不固定装订成册，而以活页和硬卡片形式存在的账簿。其优点是便于归类汇总，可以根据需要随时增减空白账页或账卡，有利于记账人员的分工协作，使用计算机记账也比较灵活，但容易形成账页或账卡散失和任意被抽换现象。所以，在使用活页式和卡片式账簿时，应事先对账页或账卡连续编号，并由主管人员签章，然后置于活动账夹中或存放在卡片箱内，一旦登记使用完毕，要装订成册或予以封扎，妥善保管。

第二节　账簿的设置和登记

一、日记账的设置和登记

日记账是序时地记录和反映全部或某一类经济业务发生或完成情况的账簿。如前所述，现金日记账和银行存款日记账是各单位应用比较广泛的日记账。为了防止账页散失或被抽换，以便于查阅，现金日记账和银行存款日记账必须采用订本式账簿，并将每一账页按顺序编号。

现金日记账是登记库存现金收入、支付和结存情况的账簿。它是由出纳人员根据审核无误的现金收款凭证和付款凭证逐日逐笔按顺序登记的。由于从银行提取现金的业务只填制银行存款付款凭证，不填现金收款凭证，所以对于现金收入数应根据相关的银行存款付款凭证登记。登记时，应填明业务日期、凭证号数、摘要、对方科目、借方和贷方金额。每日终了，应及时结出余额，并与库存现金的实有数额相核对，以便检查每天现金收入、支出和结存情况。现金日记账一般采用三栏式账页。

银行存款日记账是用来逐日反映各单位银行存款的增加、减少和结存情况的账簿，其格式也通常采用三栏式，由出纳人员根据审核无误的银行存款收款凭证和付款凭证逐日逐笔按顺序登记。对于将现金存入银行业务，只填制现金付款凭证，应根据现金付款凭证登记银行存款收入数。为了反映银行存款收付的结算方式，登记时，除填明日期、凭证号数、摘要、对方科目及借方或贷方金额外，还要填列“结算凭证种类和号数”栏。每日登记完毕，应结算出存款余额，监督各项收支款项，并定期同银行送来的对账单逐笔核对。

二、分类账的设置与登记

（一）总分类账设置与登记

总分类账，简称总账，它是按照总分类科目设置的，全面总括地反映全部经济活动情况的一种账簿。任何企业单位都必须设置并登记总账。总分类账一般采用订本式账簿。总分类账只用货币量度，大多数采用借方、贷方、余额三栏式的格式。

（二）明细账的设置和登记

如前所述，明细分类账简称明细账，是按明细分类科目设置的，用以登记某类经济业务，提供明细核算资料的账簿。企业单位在设置总分类账的基础上，根据实际需要设置明细分类账，这样，既能提供某一科目的总括情况，又能通过其明细账反映该科目的具体情况，满足经营管理的需要。明细账是根据二级或明细科目开设的，可以选用订本式账簿，也可以采用卡片式账簿，如固定资产卡片等。

明细账的账页格式一般有三栏式、数量金额式和多栏式三种。

第三节　记账规则和更正错账的方法

一、记账规则

记账是会计的一项基础工作。为了保证记账工作的质量，把账簿记录得正确、及时、完整、清楚，会计人员在启用、登记和结算账簿时应遵守下列规则：

1.账簿是一种要长期保管的经济档案，一般保管期至少在30年。为了保证账簿记录的合法性，明确记账责任，在启用新账簿时，应在账簿的封里或扉页上设置“账簿启用表”，明确启用日期和记账人员等内容。其格式如下：

账簿启用表

企业名称＿＿＿＿＿＿＿＿	账簿名称＿＿＿＿＿＿＿＿
账簿册数共＿＿＿册第＿＿＿册	账簿编号＿＿＿＿＿＿＿＿
账簿页数＿＿＿＿＿＿＿＿	启用日期＿＿＿＿＿＿＿＿
会计主管＿＿＿＿＿＿＿＿	记账人员＿＿＿＿＿＿＿＿

也有些订本式账簿在扉页上设置有"账簿启用和经管人员一览表"，启用时要先填列此表。活页账、卡片账则在装订后填写。

2.应根据审核无误的会计凭证及时登账。登账时应将记账凭证的号数登记入账，同时在记账凭证上注明账簿页数或者作"√"标记，以示该记账凭证已登账。

3.为了保证账簿记录清晰，便于日后查阅，记账要用蓝黑墨水或碳素墨水书写，不能使用圆珠笔和铅笔。红墨水只限于冲账、划线、改错时使用。

4.为了防止账页散失，账簿应按页次编号。登记业务时，要按顺序逐页逐行填写，不能跳行隔页。如在记账中发生了跳行、隔页，应在空行或隔页的账页上划对角红线注销，并加注"作废"字样，同时加盖记账人员印章。

5.摘要栏是用来说明经济业务简要内容的，文字应力求简明扼要。金额栏的数字要书写清楚。不论文字或数字都要紧挨账格底线书写，字体大小一般只占账格宽度的二分之一左右，以便发生错账时能够划线更正。

6.记账可采用下列一些符号，以使记账便捷，提高效率。

(1)账户余额结平在"借或贷"栏内写"平"字，并在余额栏内用"0"表示。

(2)号码顺序可采用"#"表示，如第 16 号，可写成"#16"。

(3)单价可用"@"表示，如单价 24 元，可写作"@24 元"。

(4)已记账、已过账并核对无误，可用"√"表示。

7.每张账页登记完毕时，应办理转页手续。转页时应在最后一行结出本页的发生额合计数和余额，在摘要栏写上"转下页"(或"过次页")字样；并在下一页的第一行写上"接(承)前页"字样，将上一页的发生额合计数和余额过入，然后再登记新的经济业务。月终时，一般应结出每个账户的本月发生额合计数，必要时还要结出年初至本月止的累计数。

8.实行会计电算化的单位，总账和明细账应当定期打印，特种日记账应在输入收、付款凭证当天打印，账簿打印时必须连续编号，经审核无误后装订成册，并由有关人员签章。

二、记账错误的更正方法

账簿记录应保持整齐清洁。为此，记账时应力求正确和清楚，避免差错。如果万一发生记账错误，应按照规定方法更正，不得涂改、刮擦、挖补或用褪色药水等更改字迹。记账错误更正方法，一般有下列几种：

(一)划线更正法

倘于记账当时发现有错，但凭证无误；或在结账前发现记账有错，但不影响账页中其他数字，可用此法更正。更正时，先将错误的文字或数字用一条单红线划去，表示注销；再在划线上面写上正确的文字或数字，并在划线处加盖更正人图章，以示负责。但应注意划掉错误数字时，应将整笔数字划掉，不能只划掉其中一个或几个写错的数字，并保持被划的字迹仍可清晰辨认。

例如：把 325.80 元误记为 328.50 元，不能只划去其中的"8.5"，改为"5.8"；而是应把"328.50"全部用红线划去，并在其上方写上"325.80"。

(二)红字更正法

红字更正法是指用红字冲销原有错误的账户记录或凭证记录，以更正或调整账簿记录的一种方法。

1.如果发现记账凭证中应借、应货的账户或金额有错误,并已登记入账,可用红字更正法更正。更正时,先用红字编制一张内容与错误记账凭证完全相同的记账凭证,在摘要栏内注明“更正×月×日×号凭证错误”并用红字金额记入有关账户,以冲销原来的错误记录,然后,再用蓝字编制一张正确的记账凭证,同样注明“更正×月×日×号凭证”,并记入有关账户。

[**例 2-1**]赊购原材料 240 元,应借记“原材料”账户,误借记“固定资产”账户,并已登记入账。

原错记的会计分录如下:

借:固定资产　　240.00

　贷:应付账款　　240.00

用红字更正法更正如下:

先用红字金额冲销原错误记录(括号中的数字表示红字,下同)

借:固定资产　　(240.00)

　贷:应付账款　　(240.00)

再编制一张正确的蓝字会计分录凭证,并登记入账:

借:原材料　　240.00

　贷:应付账款　　240.00

上列会计分录过账后,有关账户的记录如图 2-1 所示。

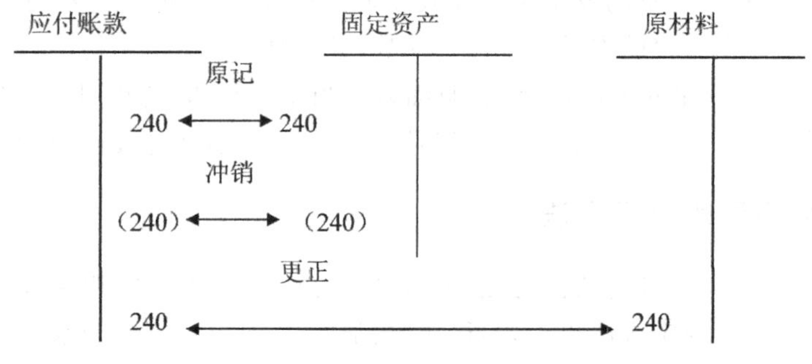

图 2-1　更正错账图示

2.如果发现记账时应借、应贷账户没有错,但所记金额大于应记金额,也可用红字更正法更正。

[**例 2-2**]向供应单位赊购原材料 2 000 元,所记账户无误,但金额错记为 20 000 元,多记 18 000 元。

原错记的会计分录如下:

借:原材料　　20 000.00

　贷:应付账款　　20 000.00

对上述记账错误,可用红字金额编制会计分录,冲销多记的 18 000 元,如下:

借:原材料　　　　　　　　　　　　　　　　　　(18 000.00)

　贷:应付账款　　　　　　　　　　　　　　　　　　(18 000.00)

上列会计分录过账后,“原材料”和“应付账款”账户的记录如图 2-2 所示。

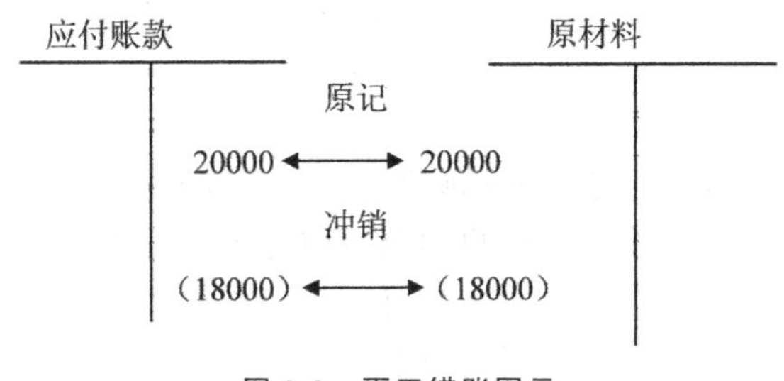

图 2-2　更正错账图示

(三)补充登记法

原编制会计分录的应借、应贷账户无误,但所记金额小于应记金额,可用补充登记法将少记金额补记。

[例 2-3]销售产成品一批,价款 54 000 元,尚未收到;原编会计分录把金额误写为 5 400 元,少记 48 600 元,并已登记入账。

原错记的会计分录如下:

借:应收账款　　　　　　　　　　　　　　　　　　5 400.00

　贷:主营业务收入　　　　　　　　　　　　　　　　　5 400.00

发现上述错误时,可将少记金额 48 600 元再用蓝字编一笔会计分录,补记入账。

借:应收账款　　　　　　　　　　　　　　　　　　48 600.00

　贷:主营业务收入　　　　　　　　　　　　　　　　　48 600.00

将上述会计分录过账,如图 2-3 所示。

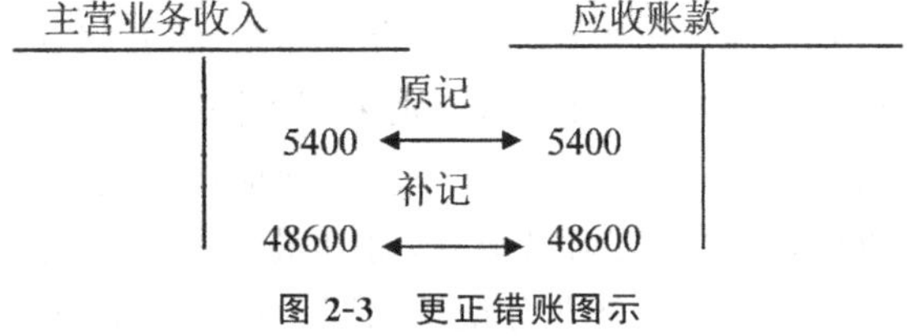

图 2-3　更正错账图示

第四节　对账和结账

一、对账

对账是指对账簿、账户记录所进行的核对工作。在结账前后要通过对账,将有关的账簿记录核对清楚,确保会计核算资料的正确性和完整性,如实反映并监督经济活动情况,为编制会计报表提供真实可靠的数据资料。对账的内容一般包括以下几个方面：

（一）账证核对

为了保证账证相符，必须将账簿记录同有关会计凭证相核对。一般来讲，日记账应与收、付款凭证相核对，总账应与记账凭证相核对，明细账应与记账凭证或原始凭证相核对。这些核对工作一般是在日常制证和记账工作中进行的。

（二）账账核对

为了保证账账相符，必须将各种账簿之间的有关数据相核对。具体核对内容有：

1.总账是否试算平衡。资产类账户的余额应等于权益类账户的余额，或总账账户的借方期末余额合计数应与贷方期末余额合计数核对相符。

2.总账账户的期末余额应与所属明细账户期末余额之和核对相符。

3.现金、银行存款日记账期末余额应分别同有关总分类账户的期末余额核对相符。

4.会计部门各种财产物资明细分类账的期末余额应与财产物资保管或使用部门有关明细账的期末余额核对相符。

（三）账实核对

为了保证账实相符，应将各种账簿记录与有关财产物资的实有数相核对。具体核对内容有：

1.现金日记账的账面余额应与现金实际库存数逐日核对相符。

2.银行存款日记账的账面余额应与银行送来的对账单定期核对相符。

3.各种财产物资明细分类账的账面余额应与财产物资的实有数定期核对相符。

4.各种应收、应付、应交款明细账的期末余额应与债务、债权单位的账目核对相符，与上下级单位、财政和税务部门的拨缴款项也应定期核对无误。

二、结账

结账是在将本期内所发生的经济业务全部登记入账的基础上，按照规定的方法对该期内的账簿记录进行小结，结算出本期发生额合计和余额，并将其余额结转下期或者转入新账。结账时，应当根据不同的账户记录，分别采用不同的方法：

1.对不需要按月结计本期发生额的账户，如各项应收应付款明细账和各项财产物资明细账等，每次记账以后，都要随时结出余额，每月最后一笔余额即为月末余额。也就是说，月末余额就是本月最后一笔经济业务记录的同一行内的余额。月末结账时，只需要在最后一笔经济业务记录之下通栏划单红线，不需要再结计一次余额。划线的目的，是为了突出有关数字，表示本期的会计记录已经截止或者结束，以便与下期的记录明显分开。

2.现金、银行存款日记账和需要按月结计发生额的收入、费用等明细账，每月结账时，要在最后一笔经济业务记录下面通栏划单红线，结出本月发生额和余额，在摘要栏内注明“本月合计”字样，在下面再通栏划单红线。

3.需要结计本年累计发生额的某些明细账户，每月结账时，应在“本月合计”行下结出自年初起至本月末止的累计数额，登记在月份发生额下面，在摘要栏内注明“本年累计”字样，并在下面再通栏划单红线。12月末的“本年累计”就是全年累计发生额，全年累计发生额下通栏划双红线。

4.总账账户平时只需结出月末余额。年终结账时，为了总括反映本年全年各项资金运动情况的全貌，核对账目，要将所有总账账户结出全年发生额和年末余额，在摘要栏内注明"本年合计"字样，并在合计数下通栏划双红线。

年度终了结账时，有余额的账户，要将其余额结转下年。结转的方法是：在本年账簿最后一行摘要栏注明"结转下年"字样，在余额栏内填写本年结转的余额；在下一会计年度新建有关会计账簿的第一行余额栏内填写上年结转的余额，并在摘要栏注明"上年结转"字样。从而将有余额的账户的余额直接记入新账余额栏内，不需要编制记账凭证，也不必将余额再记入本年账户的借方或者贷方，使本年有余额的账户的余额变为零。因为，既然年末是有余额的账户，其余额应当如实地在账户中加以反映，否则，容易混淆有余额的账户和没有余额账户的区别。

对于新的会计年度建账问题，一般来说，总账、日记账和多数明细账应每年更换一次。但有些财产物资明细账和债权债务明细账，由于材料品种、规格和往来单位较多，更换新账，重抄一遍工作量较大，因此，可以跨年度使用，不必每年度更换一次。各种备查簿也可以连续使用。被更换下来的旧账是会计档案的重要组成部分，具有法律上的效力，必须科学、妥善地加以保管，其调阅、借用、销毁，一律按国家有关法规和制度办理。

相关阅读 2

会计改革与改良之争

20 世纪 30 年代，潘序伦和徐永祚之间曾展开一场争论，焦点是中国会计要不要与国际接轨。以徐永祚为代表的中式簿记改良派主张在保存中式簿记核算形式的前提下进行改良，而以潘序伦为代表的改革派认为，会计属于一种科学技术，是不分国界的，也无所谓中西之分，而要看方法科学与否。这场学术争论被以后的会计史学者认为是"改良派"与"改革派"之争。

20 世纪 30 年代所发生的改革与改良中国会计之争，是我国会计发展史上影响最大的一次会计学术讨论与交流，是我国老一辈会计学家、学者为振兴中国实业，改进中国会计行业落后状况而作的重要努力，也是我国会计学术初步取得进展的重要标志。

一、用收付记账法改良中式簿记——徐永祚

徐永祚(1891—1959)，字玉书，浙江省海宁县(今海宁市)人。收付复式记账法的发明人，改良中式簿记运动的发起人，徐永祚会计师事务所(后改名为正明会计师事务所)的创办人。他主张借鉴西方借贷记账法改良中式簿记，反对完全照搬西方借贷记账法。

徐永祚所著的《改良中式簿记概说》是系统论述改良中式簿记理论与实务的专著。书中详细介绍了记账、结账、算账的方法和收付复式簿记的原理原则，是我国中式簿记较为完善的一部著作。改良中式簿记是我国会计发展史上的一件大事。

二、在扬弃中推广域外经验——潘序伦

潘序伦(1893—1985)，江苏宜兴丁蜀镇人。1924 年获哥伦比亚大学经济学博士学位。曾任上海商科大学教务主任兼会计系主任和国立上海暨南大学商学院院长等职。

1927年创办潘序伦会计师事务所(后名立信会计师事务所)。他创立了立信会计师事务所、立信会计学校和立信会计图书用品社“三位一体”的立信会计事业。

潘序伦是改革派的代表,着力引进和传授西方先进的会计理论和实务。潘序伦先生在会计理论和会计实务方面的不倦探索值得后人学习。尤其可贵的是,潘序伦先生在引进西方会计理论的时候比较注重对域外学说的扬弃。他亲自撰写了两篇文章分析谨慎性原则之弊端,至今仍具有很高的理论价值。

资料来源:周华.法律制度与会计规则[M].中国人民大学出版社,2016.

第三章　会计报表

第一节　会计报表概述

一、会计报表的类别

会计报表可以根据需要,按照不同的标准进行分类。

按照会计报表反映内容的期间性或时点性,可以分为动态会计报表和静态会计报表。动态会计报表是指反映一定时期实际情况的报表,如利润表,它是反映企业一定时期内经营成果的报表;静态报表是指反映一定时点的状况的会计报表,如资产负债表,它是反映一定日期企业单位资产总额和权益总额,从企业单位资产总量方面反映企业的财务状况,从而反映企业单位资产的变现能力和偿债能力。

按照会计报表的编报时间,可以分为月报、季报、中报和年报。其中月报要求简明扼要,及时反映;年报要求揭示完整,反映全面;季报和中报在会计信息的详细程度方面,介于月报和年报之间。

按照会计报表的编制单位,可以分为单位报表和汇总报表。单位报表是指由企业单位在自身会计核算的基础上,对账簿记录进行加工而编制的会计报表,以反映企业单位本身的财务状况和经营成果;汇总报表是指由单位主管部门或上级机关,根据所属单位报送的会计报表,连同本单位会计报表汇总编制的综合性会计报表。

按照会计报表各项目所反映的会计主体的不同,可以分为个别会计报表和合并会计报表。个别会计报表各项目数字所反映的内容,仅仅包括单个企业的财务数据;合并会计报表是由母公司编制的,一般包括所有控股子公司会计报表的数字,通过编制和提供合并会计报表,可以向会计报表使用者提供公司集团总体的财务状况和经营成果。

按照会计报表的服务对象,可以分为内部报表和外部报表。内部报表是指为适应企业内部经营管理需要而编制的不对外公开的会计报表,一般不需要统一规定的格式,也没有统一的指标体系;外部报表是指企业向外提供的,供政府部门、其他企业和个人使用的会计报表,有统一的格式和指标体系。

我国现行会计制度和《公司法》规定,企业的会计报表主要包括:资产负债表、利润表、现金流量表、所有者权益变动表、各种附表以及附注说明。

二、会计报表的编制要求

编制会计报表的基本目的，是向会计报表的使用者提供有关财务方面的信息资料，保证会计报表提供的信息能及时、准确、完整地反映企业的财务状况和经营成果。便于理解、真实可靠、相关可比和全面完整，是会计信息的质量要求，而及时性则是信息的基本要求。因此，在我国，编制会计报表的基本要求就是便于理解、真实可靠、相关可比、全面完整和编报及时。

(一)便于理解

可理解性是指会计报表提供的财务信息可以为使用者所理解。企业对外提供的会计报表包含企业过去、现在和未来的财务信息资料，为投资者、债权人以及潜在的投资者和债权人提供决策所需要的经济信息。因此，编制的会计报表应清晰易懂。如果提供的会计报表晦涩难懂、不可理解，使用者就不能做出可靠的判断，所提供的会计报表也就毫无用处。会计报表的这一要求是建立在会计报表使用者具有一定阅读会计报表能力的基础上的。

(二)真实可靠

会计首先是一个信息系统，如实反映企业的经营活动和财务状况是信息的基本要求。对外提供的会计报表主要是满足不同的使用者对信息资料的要求，便于使用者根据所提供的财务信息做出决策、判断，因此，会计报表所提供的数据必须做到真实可靠。如果会计报表所提供的财务信息不真实可靠，甚至是虚假的，这样不仅不能发挥应有的作用，反而会由于错误的信息，导致报表的使用者对企业财务状况得出相反的结论，使其决策失误。

(三)相关可比

相关可比是指会计报表提供的财务信息必须与使用者的决策需要相关联并具有可比性。如果会计报表提供的信息资料能够使使用者了解过去、现在或未来事项的影响及其变化趋势，并为使用者提供有关的可比信息，则可认为会计报表提供的财务信息相关可比。

(四)全面完整

会计报表应当全面反映企业的财务状况和经营成果，反映企业经营活动的全貌。会计报表只有全面反映企业的财务情况，提供完整的会计信息资料，才能满足各方面对财务信息资料的需要。为了保证会计报表的全面完整，企业在编制会计报表时，应该按照规定的格式和内容进行填写，凡是国家要求提供的会计报表，必须按照国家规定的要求编报，不得漏编漏报。企业某些重要的会计事项，应当在会计报表附注中进行说明。

(五)编报及时

信息的特征是具有时效性。会计报表只有及时编制和报送，才能有利于会计报表的使用者使用。否则，即使最真实可靠完整的会计报表，由于编制、报送不及时，对于报表的使用者来说也是没有任何价值的。特别是在市场经济条件下，市场瞬息万变，要求企业根据市场供求和变化情况，及时调整生产经营活动。如果不能及时得到有关信息资料，无法对市场变化情况做出及时反应，企业在竞争中将会处于被动地位。

第二节　资产负债表

一、资产负债表的意义

资产负债表是反映企业某一特定日期财务状况的会计报表。它是以“资产＝负债＋所有者权益”的会计等式为设计原理，根据资产、负债和所有者权益之间的相互关系，按照一定的分类标准和一定的顺序，把企业一定日期的资产、负债和所有者权益各项目予以适当排列，并对日常工作中形成的大量数据进行高度概括后编制而成的。它表明企业在某一特定日期所拥有或控制的经济资源、所承担的现有债务和所有者对资产的要求权。它是一个静态报表，反映的是某一特定日期的情况。同时它还是一个月度报表。

资产负债表能为报表使用者提供以下的帮助：

1.资产负债表提供了企业所掌握的经济资源及其分布的情况，经营者和所有者可据此分析企业的资产分布是否合理。

2.资产负债表总括地反映了企业资金的来源渠道和构成情况，投资者和债权人据此可以分析企业资本结构的合理性及其所面临的财务风险。

3.通过对资产负债表的分析，可以了解企业的财务实力、短期偿债能力和支付能力，投资者和债权人据此可以做出相应的决策。

4.通过对前后各期资产负债表的对比分析，可以了解企业资产结构的变化情况，经营者、投资者和债权人据此可以掌握企业财务状况的变化情况和发展趋势。

二、资产负债表的内容和结构

(一)资产负债表的内容

资产负债表主要反映以下三个方面的内容：

1.在某一特定日期企业所拥有的经济资源，即某一特定的日期企业所拥有或控制的各项资产的余额，包括流动资产、长期资产、固定资产、无形及其他资产。

2.在某一特定日期企业所承担的债务，包括各项流动负债和长期负债。

3.在某一特定日期企业投资者拥有的净资产，包括投资者投入的资本、资本公积、盈余公积和未分配利润。

(二)资产负债表的结构

1.表内项目的分类与排列

资产负债表表内项目的分类方法有两种：按项目的流动性分类和按项目的货币性分类。

目前我国采用的是按项目的流动性分类，这也是国际上通行的分类方法，即将资产负债表项目按其流动性大小来进行分类：资产类项目分为流动资产和长期资产，负债类项目分为短期负债和长期负债，所有者权益类按其存续的永久性分类。

按货币性分类就是按项目存在的形态分为货币性项目和非货币性项目。

表内项目的具体排列方法也是与分类有联系的。资产类项目是以它们能否在企业的正常营业周期内变现作为分类和排列的标准。所谓正常营业周期是指企业的货币资金变成存货,经过生产、销售过程,转化为应收款,最终又变成货币资金的整个过程所经过的平均间隔期间。正常营业周期在一年中不止一次的企业,可以用一年作为标准;营业周期超过一年的企业,应使用较长的期间;如果某些企业的营业周期不显著、不明确的,仍应以一年为标准。按照以上标准,资产负债表中资产类项目的排列方式,是将流动资产排在长期资产之前,具体项目也按流动性从强到弱排列。

负债类项目是按其偿还期限的长短分为短期负债和长期负债,短期负债项目排列在长期负债项目前面。所有者权益按永久性大小排列,永久性大的项目排在前面,永久性小的项目排在后面。

2.资产负债表的结构形式

资产负债表的结构形式有两种:一种是账户式,一种是报告式。

账户式资产负债表,是根据“资产＝负债＋所有者权益”的会计等式,运用账户的结构形式予以排列的方式。即将资产负债表分为左、右两方,左方列示资产各项目,右方列示负债和所有者权益各项目,资产各项目的合计等于负债及所有者权益各项目的合计。资产负债表恰好左右平衡。在我国,资产负债表是按账户式反映的。

报告式资产负债表,又称垂直式资产负债表,是依据“资产－负债＝所有者权益”的等式,将各项目垂直排列,资产负债表由上而下分别列示资产项目、负债项目和所有者权益项目,上下对照达到平衡。

一张完整的资产负债表包括表头和表身两部分。表头主要包括资产负债表的名称、编表单位、编制日期和金额单位;表身包括各项资产、负债、所有者权益各项目的年初和期末数,是资产负债表的主要部分。我国《企业会计制度》规定的资产负债表的格式如表 3-1 所示。

表 3-1　资产负债表

会企 01 表

编制单位：　　　　　　　　＿＿＿＿年＿＿月＿＿日　　　　　　　　单位:元

资　产	行次	年初数	期末数	负债和所有者权益 (或股东权益)	行次	年初数	期末数
流动资产:				流动负债:			
货币资金	1			短期借款	68		
短期投资	2			应付票据	69		
应收票据	3			应付账款	70		
应收股利	4			预收账款	71		
应收利息	5			应付工资	72		
应收账款	6			应付福利费	73		
其他应收款	7			应付股利	74		
预付账款	8			应交税金	75		

续表

资　产	行次	年初数	期末数	负债和所有者权益（或股东权益）	行次	年初数	期末数
应收补贴款	9			其他应交款	80		
存货	10			其他应付款	81		
待摊费用	11			预提费用	82		
一年内到期的长期债权投资	21			预计负债	83		
其他流动资产	24			一年内到期的长期负债	86		
流动资产合计	31			其他流动负债	90		
长期投资：				流动负债合计	100		
长期股权投资	32			长期负债：			
长期债权投资	34			长期借款	101		
长期投资合计	38			应付债券	102		
固定资产：				长期应付款	103		
固定资产原价	39			专项应付款	106		
减：累计折旧	40			其他长期负债	108		
固定资产净值	41			长期负债合计	110		
减：固定资产减值准备	42			递延税项：			
固定资产净额	43			递延税款贷项	111		
工程物资	44			负债合计	114		
在建工程	45			所有者权益（或股东权益）：			
固定资产清理	46			实收资本（或股本）	115		
固定资产合计	50			减：已归还投资	116		
无形资产及其他资产：				实收资本（或股本）净额	117		
无形资产	51			资本公积	118		
长期待摊费用	52			盈余公积	119		
其他长期资产	53			其中：法定公益金	120		
无形资产及其他资产合计	60			未分配利润	121		
递延税项				所有者权益（或股东权益）合计	122		
递延税款借项	61			负债和所有者权益（或股东权益）总计	135		
资产总计	67						

三、资产负债表的编制方法

会计报表的编制，主要是通过对日常会计核算记录的数据加以归集、整理，使之成为有用的财务信息。我国企业资产负债表各项目的数据的来源，主要通过以下几种方式取得：

1.根据总分类账户余额直接填列。资产负债表各项目的数据来源，主要是根据总分类账户期末余额直接填列。如“应收票据”项目，根据“应收票据”总分类账户的期末余额直接填列；“短期借款”项目，根据“短期借款”总分类账户的期末余额直接填列，等等。

2.根据总分类账户余额计算填列。资产负债表某些项目需要根据若干个总分类账户的期末余额计算填列。如“货币资金”项目，根据“现金”“银行存款”“其他货币资金”三个总分类账户的期末余额的合计数填列。

3.根据明细账户余额计算填列。资产负债表某些项目不能根据总分类账户的期末余额直接填列或计算填列，需要根据有关科目所属的相关明细账户的期末余额计算填列。如“应付账款”项目，根据“应付账款”“预付账款”账户的所属相关明细账户的期末贷方余额计算填列。

4.根据总分类账户和明细账户余额分析计算填列。资产负债表上某些项目需要根据总分类账户和明细账户余额分析计算填列。如“长期借款”项目，根据“长期借款”总分类账户余额扣除“长期借款”所属的明细账户中反映的将于一年内到期的长期借款部分分析计算填列。

5.根据账户余额减去其备抵项目后的净额填列。如“短期投资”项目，由“短期投资”账户的期末借方余额减去其备抵账户“短期投资跌价准备”的贷方余额后的净额填列。又如“无形资产”项目，按照“无形资产”账户的期末借方余额减去“无形资产减值准备”账户期末贷方余额后的净额填列，以反映无形资产的期末可收回余额。

在我国，资产负债表的“年初数”栏各项目数字，应根据上年末资产负债表“期末数”栏内所列数字填列。如果本年度资产负债表规定的各个项目的名称和内容同上年度不一致，应对上年末资产负债表各项目的名称和数字按照本年度的规定进行调整，填入报表中的“年初数”栏内。资产负债表的“期末数”栏各项目主要根据有关科目记录填制。

第三节　利润表和利润分配表

一、利润表

（一）利润表的内容

利润表又称损益表，是反映企业一定期间生产经营成果的会计报表。它反映的是一定期间内的情况，所以是动态报表。它还是一个月度报表。

表 3-2 利润表

会企 02 表

编制单位：　　　　　　　　　　　　　　＿＿＿＿年＿＿月　　　　　　　　　　　　　　单位：元

项 目	行次	本月数	本年累计数
一、主营业务收入	1		
减：主营业务成本	4		
主营业务税金及附加	5		
二、主营业务利润（亏损以"—"号填列）	10		
加：其他业务利润（亏损以"—"号填列）	11		
减：营业费用	14		
管理费用	15		
财务费用	16		
三、营业利润（亏损以"—"号填列）	18		
加：投资收益（损失以"—"号填列）	19		
补贴收入	22		
营业外收入	23		
减：营业外支出	25		
四、利润总额（亏损总额以"—"号填列）	27		
减：所得税	28		
五、净利润（净亏损以"—"号填列）	30		

补充资料：

项 目	本年累计数	上年实际数
1.出售、处置部门或被投资单位所得收益		
2.自然灾害发生的损失		
3.会计政策变更增加（或减少）利润总额		
4.会计估计变更增加（或减少）利润总额		
5.债务重组损失		
6.其他		

利润表把一定期间的收入与其同一会计期间相关的费用进行配比，以计算出企业一定时期的净利润。通过利润表反映的收入、费用等情况，能够反映企业生产经营的收益和成本耗费情况，表明企业生产经营成果。同时，通过利润表提供的不同时期的比较数字（本月数、本年累计数、上年数），可以分析企业今后利润的发展趋势及获利能力，了解投资者投入资本的完整性。由于利润是企业经营业绩的综合体现，又是进行利润分配的主要

依据，因此利润表是会计报表中的主要报表。

利润表的内容主要包括：

1.构成主营业务利润的各项要素。主营业务利润以主营业务收入为基础，减去为取得主营业务收入而发生的相关费用后取得。

2.构成营业利润的各项要素。营业利润是在主营业务利润的基础上，加上其他业务利润，减去营业费用、管理费用和财务费用后取得。

3.构成利润总额（或亏损总额）的各项要素。利润总额（或亏损总额）是在营业利润的基础上，加减投资损益、营业外收支等后取得。

4.构成净利润（或净亏损）的各项要素。净利润（或净亏损）是在利润总额（或亏损总额）的基础上，减去本期计入损益的所得税费用后取得。

（二）利润表的结构

由于不同的国家和地区对会计报表的信息要求不完全相同，因此报表的结构也不完全相同。目前国际上比较通行的利润表有多步式利润表和单步式利润表两种。

多步式利润表中的损益是通过多个步骤计算而来的，通常分为如下几步：

第一步，以销售收入为基础，减去销售成本，计算出销售毛利。

第二步，从销售毛利中减去相关费用，计算出营业利润。

第三步，在营业利润的基础上加减营业外收支，加减特别收支，计算出本期实现的利润（或亏损）总额。

第四步，从税前利润中减去所得税，计算出本期净利润（或净亏损）。

多步式利润表的优点是：便于对企业生产经营情况进行分析，有利于不同企业之间进行比较，更重要的是利用多步式利润表有利于预测企业今后的盈利能力。目前我国会计制度规定的企业的利润表就是采用多步式，其格式见表 9-2。

单步式利润表是将本期所有的收入加在一起，然后将所有的费用加在一起，通过一次计算求出本期损益。采用单步式利润表，利润表分为营业收入和收益、营业费用和损失、净收益三部分。营业收入和收益包括销售收入、投资收益、营业外收入等；营业费用和损失包括产品销售成本、工资支出、折旧费用、利息支出等；净损益是两者相抵减的结果。单步式利润表对于营业收入和一切费用支出一视同仁，不分彼此先后，不像多步式利润表中必须区分费用和支出与收入配比的先后层次。由于单步式利润表所表示的都是未经加工的原始资料，所以便于会计报表使用者理解。

（三）利润表的编制

按照我国企业利润表的格式内容，其编制方法如下：

1.报表中“本月数”栏反映各项目的本月实际发生数。在编报年度报表时，填列上年全年累计实际发生数，并将“本月数”栏改成“上年数”栏。如果上年度利润表的项目名称和内容与本年度利润表不一致，应对上年度报表项目的名称和数字按本年度的规定进行调整，填入报表的“上年数”栏。

报表中的“本年累计数”栏，反映各项目自年初起至本月末止的累计实际发生数。

2.报表中各项目的填列方法。由于损益类账户的期末余额将会被转入“本年利润”账户，损益类账户没有期末余额，所以利润表中的各个项目应根据损益类科目的发生额分析填列。

二、利润分配表

(一)利润分配表的内容和结构

利润分配表是反映企业一定期间对实现净利润的分配或亏损弥补的报表,是利润表的附表,说明利润表上反映的净利润的分配去向。通过利润分配表,可以了解企业实现净利润的分配情况或亏损的弥补情况,了解利润分配的构成,以及年末未分配利润的数额。

我国利润分配表的格式如表 3-3。

表 3-3 利润分配表

会企 02 表附表 1

编制单位: ________年度 单位:元

项 目	行次	本年实际	上年实际
一、利润	1		
加:年初未分配利润	2		
其他转入	4		
二、可供分配的利润	8		
减:提取法定盈余公积	9		
提取法定公益金	10		
提取职工奖励及福利基金	11		
提取储备基金	12		
提取企业发展基金	13		
利润归还投资	14		
三、可供投资者分配的利润	16		
减:应付优生股股利	17		
提取任意盈余公积	18		
应付普通股股利	19		
转作资本(或股本)的普通股股利	20		
四、未分配利润	25		

(二)利润分配表的编制

利润分配表基本上是按照“利润分配”科目所属的各明细科目的发生额填制。报表中的“本年实际”栏,根据本年的“本年利润”及“利润分配”科目所属明细科目的记录分析填列;“上年实际”栏,根据上年度利润分配表中的“本年实际”栏所填列的数据填列。如果上年度利润分配表与本年利润分配表的项目名称和内容不相一致,应对上年报表项目名称和数字按本年的规定进行调整,填入报表的“上年实际”栏内。

相关阅读 3

安绍芸的立法实践及其学术理念

安绍芸(1900—1976),河北武清人,新中国财政部第一任会计制度司司长。1923 年清华学堂毕业,同年和梁实秋一起从直隶省考入清华大学。1926 年留学美国威斯康星大学,获硕士学位后回国任复旦大学会计教授,后在上海多所大学执教。1929 年著《经济学说史纲要》一书,由世界书局在上海出版。1933 年与著名会计师刘大钧联合创办大成会计统计事务所,任主任会计师。

一、安绍芸的立法实践

1949 年 12 月,安绍芸先生带领杨纪琬先生等一行七人到财政部共同开启了中国会计立法的崭新局面。安绍芸提出,要统一会计工作,就必须先统一会计制度。根据这个意见,财政部于 1949 年 12 月 30 日设置了会计制度处,统管全国的会计制度工作,安绍芸被任命为第一任处长。从此,开始了新中国会计史的第一章。1950 年 9 月会计制度处调整为会计制度司,1951 年 4 月安绍芸被任命为第一任司长。

在安绍芸的组织下,财政部于 1950 年 4 月 25 日成立了会计制度审议委员会,于 10 月召开了全国预算、会计、金库制度会议。之后,财政部公布了总预算会计制度和单位预算会计制度,这是新中国公布的第一批全国统一的会计制度。

1951 年 11 月 1 日,财政部召开第一次全国企业财务管理及会计会议,讨论了国营企业统一会计报表、统一会计科目。这些统一制度成为一直沿用至 20 世纪 90 年代初的模式的基石。

二、安绍芸的学术理念

(1)积极学习苏联经验但不能一切照搬

1951 年 4 月 6 日,苏联会计教授马卡洛夫来财政部作《社会主义会计实务》的报告,安绍芸虚心向苏联专家请教学习,但是他认为不能一切照搬。安绍芸认为,学习马列主义要结合中国具体情况,如果会计上学苏联,连科目文字也和苏联一样,那是不行的。

(2)支持采用借贷记账法

安绍芸认为,记账方法涉及千万会计天天都要做的记账工作,主管会计工作的财政部应该有个意见。从科学化和国际通用化的角度来看,还是借贷记账法好。安绍芸向部领导做了汇报,最后经部领导同意发布了在企业会计中统一使用借贷记账法的规定。

(3)强调会计要与统计配合

安绍芸指出,会计应当与统计密切配合。这种理念是对会计在微观层面上的企业经营管理功能以及在宏观层面上的国民经济管理功能的正确认识。

资料来源:周华.法律制度与会计规则[M].中国人民大学出版社,2016.

第四章　会计档案

第一节　会计档案的概述

会计档案是指单位在进行会计核算等过程中接收或形成的，记录和反映单位经济业务事项的，具有保存价值的文字、图表等各种形式的会计资料，包括通过计算机等电子设备形成、传输和存储的电子会计档案。

会计档案一般指会计凭证、会计账簿、财务报告以及其他会计核算资料等四个部分。

1.会计凭证类：原始凭证、记账凭证、汇总凭证等其他会计凭证。

2.会计账簿类：总账、明细账、日记账、固定资产卡片、辅助账簿、其他会计账簿等。

3.财务报告类：月度、季度、半年度、年度财务会计报告，包括会计报表、附表、附注及文字说明、业绩报告等。

4.其他类：银行存款余额调节表、银行对账单、会计档案借阅登记清册、会计档案移交清册、会计档案保管清册、会计档案销毁清册、会计档案鉴定意见书及其他具有保存价值的会计资料。实行会计电算化单位存贮在磁性介质上的会计数据、程序文件及其他会计核算资料，均应视同会计档案一并管理。

会计档案是反映和记录经济业务的重要史料和证据。企事业单位的会计档案一般具有两方面的作用：一是史料作用，它是反映企业经济信息尤其是生产经营和管理的经验与教训的重要资料；二是查证作用，它是证明经济业务已经发生和完成以及对会计事项的处理是否客观正确的书面依据和重要证据。

各单位形成的会计资料，如凭证、账簿、报表、会计分析报告、会计检查报告等，都应由财务会计部门按归档要求，整理立卷或装订成册。年度终了，可暂由本单位财会部门保管一年；期满后，原则上应由财会部门编造清册交本单位档案部门保管。

第二节　会计档案的管理

各单位应按照国家有关会计档案管理的规定，建立会计档案的立卷、归档、保管、查阅和销毁等管理制度，保证会计档案妥善保管、有序存放、方便查阅，防止毁损、散失和泄密。

（一）整理与装订

每年形成的会计档案应当由财务部门于年度终了时，按照会计档案的分类整理立卷，装订成册，并编制案卷号。

1.会计凭证。按月份和册号顺序整理，月内按凭证种类即先会计凭证、后原始凭证的顺序编制册号和年度案卷总序号。其装订具体要求如下：用“三针引线法”装订，在凭证的左上角取三个打孔点呈直角等腰三角形，用棉线依次穿过，打结，并放在凭证封皮里面。凭证外边加封面，用牛皮纸印制，规模略大于所附记账凭证，封面上填好凭证种类、起止号码、凭证张数、会计主管人员和装订人员签章，编好卷号，按编号顺序入柜，在显要处标明凭证种类编号。

2.会计账簿。除跨年度使用的会计账簿外，按总账、日记账、明细账、其他辅助性账簿的顺序，编制年度案卷总序号。其装订基本要求：

(1)账簿装订前，首先按账簿启用表的使用页数核对各个账户是否相符，账页数是否齐全，序号排列是否连续；然后按会计账簿封面、账簿启用表、账户目录、该账簿按页数顺序排列的账页、会计账簿装订封底的顺序装订。

(2)活页账簿装订要求：保留已使用过的账页，将账页数填写齐全，去除空白页，撤掉账夹，用质地好的牛皮纸做封面、封底，装订成册。多栏式活页账、三栏式活页账、数量金额式活页账等不得混装，应按同类业务、同类账页装订在一起。在本账簿的封面上填写好账目的种类，编好卷号，会计主管人员和装订人(经办人)签章。

(3)账簿装订后的其他要求：会计账簿应牢固、平整，不得有折角、缺角、错页、掉页、加空白纸的现象。会计账簿的封口要严密，封口处要加盖有关印章。封面应齐全、平整，并注明所属年度及账簿名称、编号，编号为一年一编，编号顺序为总账、现金日记账、银行存(借)款日记账、分户明细账。会计账簿按保管期限分别编制卷号，如现金日记账全年按顺序编制卷号，总账、各类明细账、辅助账全年按顺序编制卷号。

3.财务会计报告。按月份顺序整理装订成册并编制年度案卷总序号，年度决算会计报告按合并会计报告、分公司财务会计报告类的顺序整理。业绩报告单独装订保管。其具体装订要求：

(1)会计报告编制完成并按时报送后，应按月装订成册。

(2)会计报告应整理平整，防止折角。

(3)会计报告在装订前，应按编报目录核对是否齐全。

(4)会计报告的装订顺序为会计报告封面、会计报告编制说明、各类会计报表及附注、会计报告封底。装订的会计报告其上边和左边应对齐。

(5)会计报告按保管期限分别编制卷号。其中，月、季度会计报告全年按月、季顺序编制卷号，半年和年度会计报告按年顺序编制卷号。

（二）会计档案的保管

《会计档案管理办法》规定：“当年会计档案，在会计年度终了后，可暂由本单位财务会计部门保管一年，期满之后原则上应由财务会计部门编制清册移交本单位的档案部门保管。”根据上述规定，会计档案的保管要求主要有以下方面：

1.会计档案的移交手续

财务会计部门在将会计档案移交本单位档案部门时，应按下列程序进行：

(1)开列清册，填写交接清单；

(2)在账簿使用日期栏填写移交日期；

(3)交接人员按移交清册和交接清单项目核查无误后签章。

纸质会计档案移交时应当保持原卷的封装。电子会计档案移交时应当将电子会计档案及其元数据一并移交，且文件格式应当符合国家档案管理的有关规定。特殊格式的电子会计档案应当与其读取平台一并移交。

2.会计档案的保管要求

(1)会计档案室应选择在干燥防水的地方，并远离易燃品堆放地，周围应备有适当的防火器材；

(2)采用透明塑料膜作防尘罩、防尘布，遮盖所有档案架和堵塞鼠洞；

(3)会计档案室内应经常用消毒药剂喷洒，保持清洁卫生，以防虫蛀；

(4)会计档案室保持通风透光，并有适当的空间、通道和查阅地方，以利查阅，并防止潮湿；

(5)设置归档登记簿、档案目录登记簿、档案借阅登记簿，严防毁坏损失、散失和泄密；

(6)会计电算化档案保管要注意防盗、防磁等安全措施。

3.会计档案的借阅

(1)会计档案为本单位提供利用，原则上不得借出，有特殊需要须经上级主管单位或单位领导、会计主管人员批准。

(2)外部借阅会计档案时，应持有单位正式介绍信，经会计主管人员或单位领导人批准后，方可办理借阅手续；单位内部人员借阅会计档案时，应经会计主管人员或单位领导人批准后，办理借阅手续。借阅人应认真填写档案借阅登记簿，将借阅人姓名、单位、日期、数量、内容、归期等情况登记清楚。

(3)借阅会计档案人员不得在案卷中乱画、标记，拆散原卷册，也不得涂改抽换、携带外出或复制原件(如有特殊情况，须经领导批准后方能携带外出或复制原件)。

(4)借出的会计档案，会计档案管理人员要按期如数收回，并办理注销借阅手续。

4.会计档案的保管期限

各种会计档案的保管期限，按其特点可分为永久性和定期性两类。

凡是在立档单位会计核算中形成的，记述和反映会计核算的，对工作总结、查考和研究经济活动具有长远利用价值的会计档案，应永久保存。

定期保管期限分为 10 年和 30 年。

会计档案的保管期限，从会计年度终了后的第一天算起。为了全面反映会计档案情况，上档部门应设置“会计档案备查表”及时记载会计档案的保存数、借阅数和归档数，做到心中有数，不出差错。

各类会计档案保管的具体期限见表 4-1、表 4-2。

表 4-1 企业和其他组织会计档案保管期限表

序号	档案名称	保管期限	备注
一	会计凭证		
1	原始凭证	30 年	
2	记账凭证	30 年	
3	汇总凭证	30 年	
二	会计账簿		
4	总账	30 年	包括日记总账
5	明细账	30 年	
6	日记账	30 年	
7	固定资产卡片		固定资产报废清理后保管 5 年
8	其他辅助性账簿	30 年	
三	财务会计报告		
9	月度、季度、半年度财务会计报告	10 年	包括文字分析
10	年度财务会计报告	永久	包括文字分析
四	其他会计资料		
11	银行存款余额调节表	10 年	
12	银行对账单	10 年	
13	纳税申请表	10 年	
14	会计档案移交清册	30 年	
15	会计档案保管清册	永久	
16	会计档案销毁清册	永久	
17	会计档案鉴定意见书	永久	

表 2 财政总预算、行政单位、事业单位和税收会计档案保管期限表

序号	档案名称	保管期限			备注
		财政总预算	行政单位事业单位	税收会计	
一	会计凭证				
1	国库编送的各种报表及缴库退库凭证	10 年		10 年	
2	各收入机关编送的报表	10 年			
3	行政单位和事业单位的各种会计凭证		30 年		包括：原始凭证、记账凭证和传票汇总表

续表

序号	档案名称	保管期限			备　　注
		财政总预算	行政单位事业单位	税收会计	
4	财政总预算拨款凭证和其他会计凭证	30 年			包括：拨款凭证和其他会计凭证
二	会计账簿				
5	日记账		30 年	30 年	
6	总账	30 年	30 年	30 年	
7	税收日记账（总账）			30 年	
8	明细分类、分户账或登记簿	30 年	30 年	30 年	
9	行政单位和事业单位固定资产卡片				固定资产报废清理后保管 5 年
三	财务会计报告				
10	政府综合财务报告	永久			下级财政、本级部门和单位报送的保管 2 年
11	部门财务报告		永久		所属单位报送的保管 2 年
12	财政总决算	永久			下级财政、本级部门和单位报送的保管 2 年
13	部门决算		永久		所属单位报送的保管 2 年
14	税收年报（决算）			永久	
15	国家金库年报（决算）	10 年			
16	基本建设拨款、贷款年报（决算）	10 年			
17	行政单位和事业单位会计月、季度报表		10 年		所属单位报送的保管 2 年
18	税收会计报表			10 年	所属税务机关报送的保管 2 年
四	其他会计资料				
19	银行存款余额调节表	10 年	10 年		
20	银行对账单	10 年	10 年	10 年	
21	会计档案移交清册	30 年	30 年	30 年	
22	会计档案保管清册	永久	永久	永久	
23	会计档案销毁清册	永久	永久	永久	
24	会计档案鉴定意见书	永久	永久	永久	

注：税务机关的税务经费会计档案保管期限，按行政单位会计档案保管期限规定办理。

(三)会计档案的销毁

保管期满的会计档案,除未结清的债权债务原始凭证和涉及其他未了事项外,可以按照以下程序销毁:

1.由本单位档案机构会同会计机构提出销毁意见,编制会计档案销毁清册,列明销毁会计档案的名称、卷号、册数、起止年度和档案编号、应保管期限、已保管期限、销毁时间等内容。

2.公司负责人在会计档案销毁清册上签署意见。

3.销毁会计档案时,应当由档案机构和会计机构共同派员监销。国家机关销毁会计档案时,应当由同级财政部门、审计部门派员参加监销。财政部门销毁会计档案时,应当由同级审计部门派员参加监销。

4.监销人在销毁会计档案前,应当按照会计档案销毁清册所列内容清点核对所要销毁的会计档案;销毁后,应当在会计档案销毁清册上签名盖章,并将监销情况报告本单位负责人。

保管期满但未结清的债权债务原始凭证和涉及其他未了事项的原始凭证,不得销毁,应当单独抽出立卷,保管到未了事项完结时为止。单独抽出立卷的会计档案,应当在会计档案销毁清册和会计档案保管清册中列明。正在项目建设期间的建设单位,其保管期满的会计档案不得销毁。

相关阅读 4

赵锡禹的学术理念

会计上曾有“南潘北赵”“南安北赵”之说,其中“潘”指潘序伦先生,“安”指安绍芸先生,“赵”指赵锡禹先生。

赵锡禹(1901—1970),河北乐亭县人。较早在中国人民大学开设西方会计理论课程,强调会计要为管理服务,为实业服务。赵锡禹先生主张要通过加强管理来推动实业发展,企业管理要抓好会计工作。他特别强调:会计一定要为管理服务,要批判性地吸收国外会计理论学说,不能生搬硬套。

一、为发展实业而改学工商管理

赵锡禹青年时代受社会新思潮的影响,主张“实业兴国”。他放弃在国内多年学习研究的新闻学专业赴美留学,改学工商管理。赵锡禹认为管理人才和工程技术人才一样重要,管理人员效率的高低是企业成败的关键。

二、会计的首要任务是为管理服务

赵锡禹认为,搞好企业管理首先需要做好会计工作。会计是企业管理的一个重要方面,是决定企业经营管理好坏的关键。赵锡禹较早强调会计在工商管理中的重要地位,主张现代企业会计的首要任务是为管理服务。

赵锡禹指出,一个好的会计人员,必须具备扎实的业务基础,不仅要有做好会计工作的基本技能,还必须懂管理,了解生产,善于调查研究,并具备其他有关本领。因此,会计

人员除了要学习会计学有关的知识，还必须学习经济学、财政学、货币银行学、心理学和必要的数学知识等。

赵锡禹一方面非常鄙视资本主义腐朽的社会制度，另一方面又积极主张学习其学术上合理的科学的内容。他强调学习西方不能生搬硬套。

资料来源：周华.法律制度与会计规则[M].中国人民大学出版社，2016.

第五章　会计核算形式

第一节　会计核算形式的意义

会计核算形式即会计账务处理程序，就是指账簿组织、记账程序和记账方法有机结合的方式和步骤。账簿组织是指记账凭证、账簿的种类、格式以及各种账簿之间的相互关系；记账程序是指采用一定的记账方法，从填制和审核凭证、登记账簿，直到编制会计报表这一整个账务处理的程序。不同的会计核算形式规定了填制会计凭证、登记账簿、编制会计报表的不同步骤和方法。

一、会计核算形式的意义

确定一套切合实际又合理高效的会计核算形式是会计制度设计的一项重要内容，也是一个单位会计部门的重要职责。采用合理的会计核算形式，通过规定会计凭证、账簿和会计报表之间的登记、传递程序，将一个单位的会计核算工作组织成为既有分工又有相互协作的有机整体，将各个会计核算岗位的工作连接起来，对于提高会计工作质量和效率，正确及时地编制会计报表，提供会计核算资料，满足会计信息使用者的需要、加强经济管理等，都具有重要意义。

二、确定会计核算形式的要求

科学、合理、适用的会计核算形式，应符合以下要求：

1.要与本单位的规模大小、经济业务繁简程度、经济活动性质及特点相适应，以利于会计核算的分工，建立岗位责任制。

2.要适应本单位、主管部门以及国家管理经济的需要，全面、及时、准确地提供反映本单位经济活动情况的会计核算资料。

3.要在确保会计核算资料准确、及时和完整的前提下，尽可能地简化会计核算手续，提高会计工作效率，节约人力物力，降低核算费用。

4.要有利于逐步采用现代化的核算工具，使之能适应电子计算机处理会计业务的要求。

三、会计核算形式的种类

在长期的会计实践工作中，广大会计工作者经过不断探索和研究，总结出以下几种会计核算形式：

1.记账凭证会计核算形式；

2.科目汇总表会计核算形式；

3.汇总记账凭证会计核算形式；

4.多栏式日记账核算形式；

5.日记总账核算形式。

以上几种会计核算形式有很多相同点，但也有区别。本章主要介绍前三种会计核算形式的基本内容、特点和适用范围。

第二节　记账凭证会计核算形式

一、记账凭证会计核算形式的特点

记账凭证会计核算形式的特点是：直接根据每一张记账凭证，逐笔登记总分类账。它是最基本的会计核算形式，其他各种会计核算形式都是在此基础上，根据经济管理的需要发展而形成的。

二、记账凭证会计核算形式对会计凭证和账簿的要求

在记账凭证会计核算形式下，需设置收款凭证、付款凭证和转账凭证，作为登记总分类账的依据。在经济业务量不大的单位，也可采用通用记账凭证。

在记账凭证会计核算形式下，应设置现金日记账、银行存款日记账、总分类账和明细分类账簿。

现金日记账和银行存款日记账一般都采用三栏式账页。

总分类账一般都采用三栏式账页，并按每一总分类科目开设账户。

明细分类账则根据管理的需要，采用三栏式、数量金额式、多栏式或横线登记式。

三、记账凭证核算形式账务处理程序

1.根据发生的经济业务填制、收集原始凭证，并依据原始凭证编制汇总原始凭证。

2.根据原始凭证或汇总原始凭证，编制记账凭证。

3.根据收款凭证、付款凭证逐笔登记现金日记账和银行存款日记账。

4.根据原始凭证、汇总原始凭证和记账凭证登记有关明细账。

5.根据记账凭证逐笔登记总分类账。

6.月终，将各种总分类账户余额与所属明细分类账户余额合计数，及现金、银行存款日记账余额分别核对相符。

7.月终，根据核对无误的总分类账和各种明细分类账的记录，编制会计报表。

记账凭证会计核算形式的账务处理程序如图 5-1 所示。

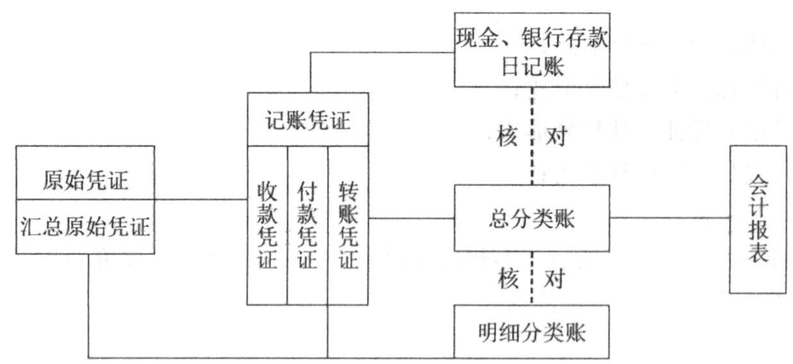

图 5-1 记账凭证会计核算形式的账务处理程序

四、记账凭证会计核算形式的优缺点和适用范围

记账凭证会计核算形式简明直观，便于理解。总分类账比较详细地记录和反映了经济业务的发生情况，账户对应关系清楚，便于用账和查账。在电算化记账条件下，总账、明细账同时登记，便于月末及时结账。它的不足之处也很明显：由于总分类账和明细分类账都是根据记账凭证逐笔登记的，这就增加了登记总账的工作量。因此一般适用于规模较小、经济业务量较少、经济业务较为简单的企业和行政事业单位。

第三节 科目汇总表会计核算形式

一、科目汇总表会计核算形式的特点

科目汇总表会计核算形式，就是在经济业务发生时，先取得或填制原始凭证，编制汇总原始凭证；根据原始凭证编制记账凭证，依据记账凭证登记有关明细账；定期根据记账凭证编制科目汇总表并据以登记总分类账的会计核算形式。

科目汇总表核算形式的特点是：定期根据记账凭证汇总编制科目汇总表，根据科目汇总表登记总分类账簿。

二、科目汇总表会计核算形式对会计凭证、账簿的要求

在科目汇总表会计核算形式下，记账凭证一般设置收款凭证、付款凭证、转账凭证和科目汇总表。

在科目汇总表会计核算形式下，需设置现金日记账、银行存款日记账、总分类账和明细分类账。

现金日记账和银行存款日记账一般都采用三栏式。

总分类账采用三栏式，并按每一总分类账科目开设账页。

明细分类账则可根据管理的需要，采用三栏式、数量金额式或多栏式等。

三、科目汇总表的编制方法

科目汇总表，是根据一定时期内的全部记账凭证，按总账科目汇总归类编制的反映该期各总账科目借方、贷方发生额，并据以登记总分类账的记账凭证。由于借贷记账法的记账规则是“有借必有贷，借贷必相等”，所以在编制的科目汇总表内，全部总账科目的借方发生额合计数与贷方发生额合计数相等。

科目汇总表要定期(5 天、10 天、15 天或 1 个月)汇总编制，并据以登记总账。其格式与内容见表 5-1。

表 5-1　科目汇总表

年　月　日　　　　第　　号

会计科目	借方发生额	贷方发生额
合　计		

四、科目汇总表核算形式账务处理程序

1.根据审核无误的原始凭证和汇总原始凭证，编制收款凭证、付款凭证和转账凭证。

2.根据收款凭证、付款凭证，逐笔登记现金日记账和银行存款日记账。

3.根据原始凭证、汇总原始凭证和记账凭证登记各种明细账。

4.根据一定时期内的全部记账凭证，汇总编制成科目汇总表。

5.根据科目汇总表，登记总分类账。

6.月终，将各总分类账户的余额分别与所属明细账户余额合计数、现金和银行存款日记账余额核对相符。

7.月终，根据核对无误的总分类账和各种明细分类账的记录，编制会计报表。

科目汇总表核算形式的账务处理程序如图 5-2 所示。

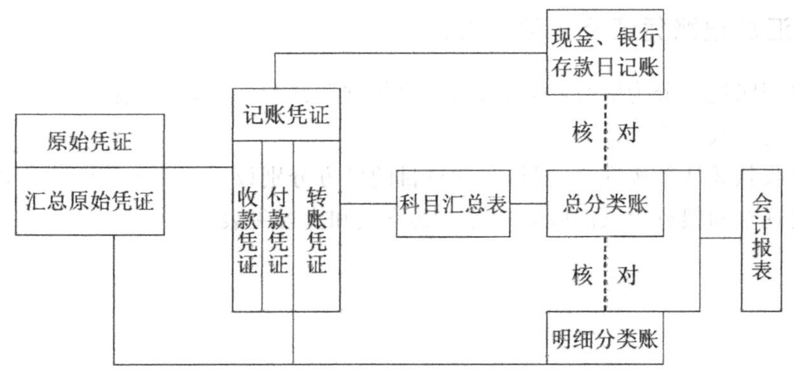

图 5-2　科目汇总表核算形式的账务处理程序

五、科目汇总表核算形式的优缺点和适用范围

科目汇总表核算形式与记账凭证会计核算形式相比，其突出的优点是：由于总分类账是根据定期编制的科目汇总表登记的，大大减少了登记总账的工作量。缺点是：科目汇总表是按总账科目汇总编制的，只能作为登记总账和试算平衡的依据，账户对应关系不清楚，不便于分析和检查经济业务的来龙去脉，不便于查账对账。科目汇总表核算形式适用于规模较大，经济业务量较多的企业、事业单位。

第四节　汇总记账凭证会计核算形式

一、汇总记账凭证会计核算形式及其特点

经济业务发生后，先填制或收集原始凭证，根据审核无误的原始凭证和不同类型经济业务编制收款凭证、付款凭证和转账凭证；根据记账凭证登记日记账、明细分类账；定期根据收款凭证编制汇总收款凭证，根据付款凭证编制汇总付款凭证，根据转账凭证编制汇总转账凭证，最后根据汇总凭证登记总分类账的会计核算形式，称为汇总记账凭证会计核算形式。

汇总记账凭证会计核算形式的特点：定期编制汇总记账凭证，根据汇总记账凭证登记总分类账。

二、汇总记账凭证核算形式对记账凭证及账簿的要求

在汇总记账凭证核算形式下，必须设置收款凭证、付款凭证及转账凭证，还要设置汇总收款凭证、汇总付款凭证及汇总转账凭证作为记账凭证。

日记账一般须设置现金、银行存款日记账，格式采用三栏式。明细账根据需要设置，格式可采用三栏式、数量金额式、多栏式等。

总分类账按每一总分类科目设置，一般采用三栏式账页。

三、汇总记账凭证及其编制方法

汇总记账凭证分为汇总收款凭证、汇总付款凭证和汇总转账凭证。

(一)汇总收款凭证及其编制方法

汇总收款凭证是按现金、银行存款科目的借方分别设置的一种记账凭证，它汇总了一定时期内现金和银行存款的收款业务。其格式和内容见表 5-2。

表 5-2　汇总收款凭证

借方科目:银行存款　　　　2019 年 10 月　　　　第 1 号

贷方科目	金额			合计
	1 日至 10 日	11 日至 20 日	21 日至 30 日	
实收资本 短期借款 长期借款	250 000 80 000 200 000	(略)	(略)	
合　计	530 000			

汇总收款凭证的编制方法:将需要进行汇总的收款凭证按其对应的贷方科目进行归类,计算出每一个贷方科目发生额合计数,填入汇总收款凭证中。一般 10 天汇总一次,每月编制一张。月终根据计算出的每个贷方科目发生额合计数,登记各该总分类账户贷方发生额,根据合计数登记现金、银行存款总账借方发生额。

(二)汇总付款凭证及其编制方法

汇总付款凭证是指按现金和银行存款科目的贷方分别设置的一种记账凭证,它汇总了一定时期内现金和银行存款的付款业务。其格式和内容见表 5-3。

表 5-3　汇总付款凭证

贷方科目:银行存款　　　　2019 年 10 月　　　　第 1 号

借方科目	金额			合计
	1 日至 10 日	11 日至 20 日	21 日至 30 日	
在建工程 固定资产 在途物资 应交税金	59 840 36 100 15 000 2 550	(略)	(略)	
合　计	113 490			

汇总付款凭证的编制方法:将需要进行汇总的付款凭证按其对应的借方科目进行归类,计算出每一个借方科目发生额合计数,填入汇总付款凭证中。一般 10 天汇总一次,每月编制一张。月终根据计算出的每个借方科目发生额合计数,登记各该总分类账户借方发生额,根据合计数登记现金、银行存款总账贷方发生额。

(三)汇总转账凭证及其编制方法

汇总转账凭证是按转账凭证中每一贷方科目分别设置的,用来汇总一定时期内转账业务的一种汇总记账凭证。其格式和内容见表 5-4。

表 5-4 汇总转账凭证

贷方科目:原材料　　　　2019 年 10 月　　　　第 1 号

借方科目	金　额			合　计
	1 日至 10 日	11 日至 20 日	21 日至 30 日	
生产成本	15 420	5 000	30 000	50 420
制造费用	4 080	3 000	20 000	27 080
管理费用	1 020	2 000	10 000	13 020
合　计	20 520	10 000	60 000	90 520

汇总转账凭证的编制方法:将需要进行汇总的转账凭证按其对应的借方科目进行归类,计算出每一个借方科目发生额合计数,填入汇总转账凭证中。一般 10 天汇总一次,每月编制一张。月终根据计算出的每个借方科目发生额合计数,登记各该总账账户的借方发生额,根据合计数登记被汇总账户的贷方发生额。

应特别注意的是:汇总转账凭证上的科目对应关系是一个贷方科目与一个或几个借方科目相对应。因此,在汇总记账凭证核算形式下,为了便于编制汇总转账凭证,所有转账凭证只能按一借一贷或多借一贷的对应关系编制,不允许填制一借多贷或多借多贷的转账凭证。

四、汇总记账凭证核算形式的账务处理程序

1.根据原始凭证或汇总原始凭证编制收款凭证、付款凭证和转账凭证。

2.根据收款凭证、付款凭证登记现金、银行存款日记账,根据原始凭证或汇总原始凭证、转账凭证登记各种明细分类账。

3.定期根据收款凭证、付款凭证、转账凭证分别编制汇总收款凭证、汇总付款凭证、汇总转账凭证。

4.根据汇总收款凭证、汇总付款凭证、汇总转账凭证登记总分类账。

5.月末,将现金日记账、银行存款日记账及各种明细账记录与各总分类账记录核对相符。

6.根据核对无误的总分类账和各明细账的记录编制会计报表。

汇总记账凭证核算形式的账务处理程序见图 5-3。

五、汇总记账凭证核算形式的优缺点和适用范围

汇总记账凭证核算形式的优点:由于汇总记账凭证是根据一定时期内全部记账凭证并按照科目对应关系进行归类、汇总编制的,因而能反映账户之间的对应关系,便于了解经济业务的来龙去脉;总分类账根据汇总记账凭证于月终一次登记,从而减少了总账登记的工作量。汇总记账凭证核算形式的缺点:汇总转账凭证是按每一个贷方科目汇总的,当转账凭证数量较大时,编制汇总转账凭证的工作量较大。这种核算形式适用于规模大、经济业务多的单位使用。

会计核算形式多种多样,在实际会计工作中,各单位可结合本单位规模大小、经济业

务量多少与各种会计核算形式的特点单独选择使用，也可以将几种会计核算形式结合起来使用。

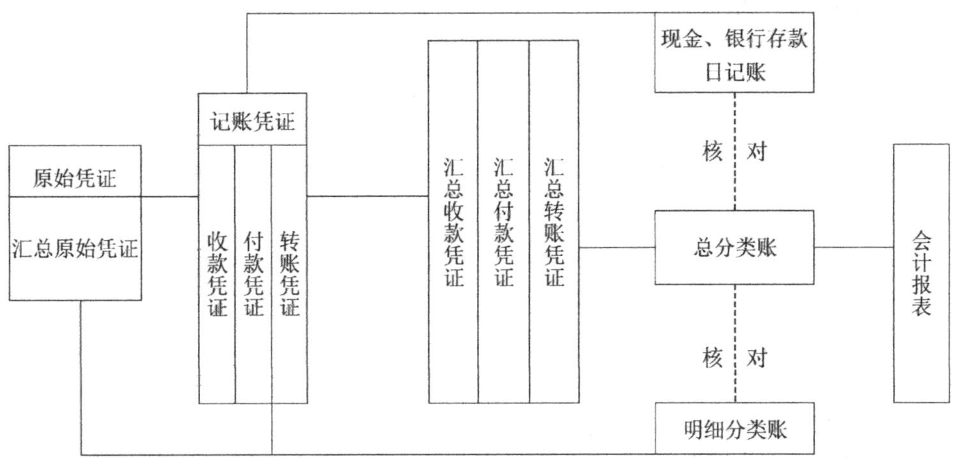

图 5-3　汇总记账凭证核算形式的账务处理程序

相关阅读 5

会计管理活动论的提出

在 1979 年 12 月 26 日至 1980 年 1 月 7 日召开的中国会计学会成立大会暨会计理论讨论会上，杨纪琬先生和阎达五先生冲破“会计具有强烈的阶级性”和“会计是经济管理工具”的理论束缚，第一次提出“无论从理论上还是实践上看，会计不仅仅是管理经济的工具，它本身就具有管理的职能，是人们从事管理的一种活动”。他们就此提出并逐步完善了“管理活动学派”，主张会计工作要从“算账型会计”向“管理型会计”发展过渡，推动了人们对会计工作的作用和地位的新的认识。

一、杨纪琬先生传略

杨纪琬（1917—1999），上海松江人，新中国会计制度的奠基人，新中国注册会计师，批判性地借鉴域外经验的代表人物。1980 年与阎达五先生合作创立会计“管理活动学派”。

杨纪琬先生长期领导制定新中国的会计制度，1980 年发起成立中国会计学会。1980 年主持起草《中华人民共和国会计法》，倡议恢复注册会计师制度并得到财政部的批准。1988 年任中国注册会计师协会第一任会长，1993 年任财政部企业会计准则咨询专家中方组长。

杨纪琬先生是我国当代著名的会计理论家、教育家，是我国社会主义会计制度的奠基人之一。他长期担任主编的《会计研究》杂志是我国会计理论研究和交流的重要阵地。他高度重视我国注册会计师事业。在担任注册会计师协会会长期间，中国注册会计师协会制定和发布了一系列注册会计师制度，初步形成了适应当时发展需要的注册会计师法规体系，使我国注册会计师制度得到健康发展。另外，杨纪琬先生反对照搬西方会计理论，例如坚决反对将谨慎性列为会计原则。

二、闫达五先生传略

闫达五(1929—2003),与杨纪琬先生于1980年合作创立会计“管理活动学派”。闫达五先生创建了中国人民大学会计系并任第一任系主任,参与组建中国会计学会并任副会长,是第二届至第五届北京市人民政府专业顾问,国务院国民经济核算协同委员会委员。

20世纪50年代,闫达五先生主张苏联经验与中国实际相结合,与黄寿宸合作编写了新中国成立后第一部我国自主编写并公开出版的《工业会计核算》教材。该书出版后在社会上影响很大,被许多高校选做教材。

闫达五先生又对会计做了科学分类,提出会计按其服务对象可分为宏观会计和微观会计,微观会计又可按其经营目标分为营利性组织会计和非营利性组织会计,营利性组织会计按管理过程又可进一步分为预测决策会计、内部责任会计和对外报告会计。

“管理活动学派”作为本土原创的会计理论主张,延续了徐永祚、潘序伦、安绍芸、赵锡禹等先辈的思想精髓,其核心是:会计是国民经济管理和企业经营管理的重要组成部分;会计监督与会计核算一样,是会计的重要职能。这一理论是1985年通过的《中华人民共和国会计法》的立法理念。本土原创理论强调会计应当为管理服务,成为管理的一部分,这与西方会计理论强调会计主要为证券投资决策服务的目标导向存在根本性差异。

资料来源:周华.法律制度与会计规则[M].中国人民大学出版社,2016.

第二篇

会计实务综合模拟实训

第六章　模拟企业概况

第一节　模拟企业简介

企业名称：西藏藏秦祥药业股份有限公司

企业性质：股份有限公司，增值税一般纳税人(适用增值税率为17%)。

纳税识别号：123456789012345

地址及电话：西藏自治区拉萨市江苏路1号

开户行及账号：中国工商银行拉萨市北京路支行 12345678907564379

公司基本人员：

法人：王富贵

总经理：王永祥

会计主管：陈明

会计：张晓伟、吴远

出纳：赵子阳

采购主管：周红

仓库主管：刘月

销售主管：林诚

人事主管：张扬

行政部门主管：陈红

生产车间主任：李鑫

主要产品：A产品、B产品

公司设有一个基本生产车间，单步骤大量生产A产品、B产品。

公司另设有一个辅助车间——机修车间。

公司采用品种法计算产品成本。原材料系生产开始时一次性投入；加工费用随着加工进度陆续投入，按工时进行分配。

其他说明：

1.该公司采用科目汇总表账务处理程序。科目汇总账务处理程序如图6-1所示。

2.存货核算采用实际成本法(原材料、周转材料和库存商品均采用先进先出法)；周转材料采用一次摊销法。

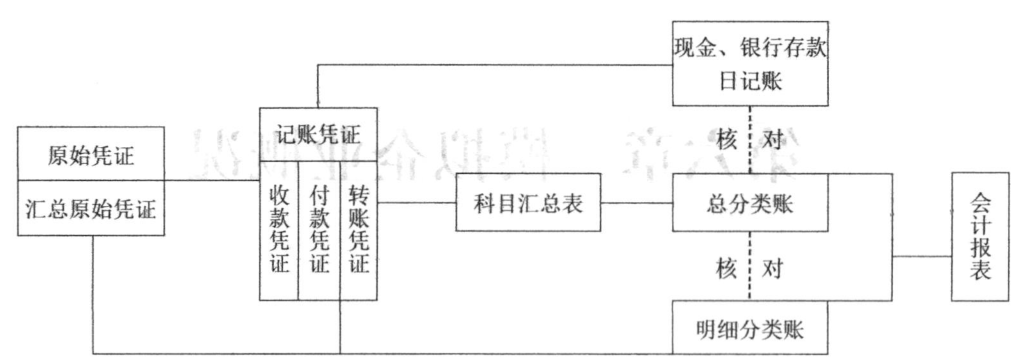

图 6-1 科目汇总表核算形式的账务处理程序

3.按年计提坏账准备,计提比例为 0.5%。

4.企业所得税率为 25%。

5.按税后利润的 10%提取法定盈余公积,8%提取任意盈余公积。

6.水电费直接计入当期成本费用。

7.公司设有独立的销售机构。

8.公司按照工资总额的 14%、2.5%、2%分别计提职工福利费、职工教育经费、工会经费。

9.五险一金计提比例:

五险一金	企业负担比例	职工个人承担比例
养老保险	20	8
医疗保险	8	2
失业保险	0.5	0.5
工伤保险	0.5	—
生育保险	0.5	—
住房公积金	12	12

10.其他未列明事项按照现行《企业会计准则》的相关规定处理。

11.计算中需要保留小数的保留 2 位,金额需要保留小数的保留 2 位。

第二节　模拟企业期初资料

一、模拟企业期初余额

会计科目余额表

2017 年 11 月 30 日　　单位:元

会计科目	明细科目	借方余额	贷方余额	备　注
库存现金		33 000		
银行存款		4 665 933		
其他货币资金	存出投资款	3 300 000		
交易性金融资产		781 000		
其中:	股票6 000A ——成本	220 000		
	——公允价值变动	11 000		
	股票6 000B ——成本	550 000		
应收票据	商业承兑汇票	879 240		
其中:	拉萨市汇方医药	257 400		
	西藏康复医药	521 840		
	X 公司	100 000		
应收账款		550 000		
其中:	Y 公司	440 000		
	林芝白云医药公司	110 000		
坏账准备			2 750	
其他应收款		6 600		
其中:	存出保证金	2 200		
	备用金(销售部)	4 400		
原材料		387 420		
其中:	甲材料(1 000千克,单价93.5)	93 500		
	乙材料(850 千克,单价 220)	187 000		
	丙材料(550 千克,单价 11)	6 050		
	丁材料(1 000千克,单价 66)	66 000		
	戊材料(400 千克,单价 55)	22 000		
	机物料(1 500千克,单价8.58)	12 870		

续表

会计科目	明细科目	借方余额	贷方余额	备　注
库存商品		1 551 000		
其中：	A产品(450箱，单位成本1 980)	891 000		
	B产品(300箱，单位成本2 200)	660 000		
周转材料		32 780		
其中：	木箱(2 000个，单位成本5.5)	11 000		
	工作服(500件，单位成本33元)	16 500		
	生产专用工具(600套，单位成本8.8)	5 280		
生产成本		1 340 900		
其中：	基本生产成本A	647 900		
	基本生产成本B	693 000		
在建工程	厂房	102 960		
长期股权投资	Z股份	7 150 000		
固定资产		10 765 700		
其中：	房屋建筑物	5 093 000		
	机器设备	2 057 000		
	运输设备	1 925 000		
	其他	1 690 700		
累计折旧			2 255 000	
其中：	房屋建筑物		1 324 180	使用期限50年
	机器设备		431 970	使用期限10年
	运输设备		211 750	使用期限10年
	其他		287 100	使用期限5年
无形资产		1 386 000		
其中：	专利技术A	1 056 000		
	商标权A	330 000		
累计摊销：			488 400	
其中：	专利技术A		422 400	摊销期均为10年，无残值
	商标权A		66 000	
短期借款			3 190 000	分月计提，到期一次还本付息
其中：	工行		2 200 000	
	建行		990 000	
应付票据			1 551 000	

续表

会计科目	明细科目	借方余额	贷方余额	备　注
其中：	四有公司		1 500 000	
	通达公司		51 000	
应付账款			1 466 960	
其中：	拉萨藏原医药公司		257 400	
	M 公司		1 200 000	
	N 公司		9 560	
应付利息			52 800	
其中：	工行		33 000	
	建行		19 800	
应付职工薪酬			789 188.40	
其中：	工资		563 706	
	基本养老保险(比率 20%)		112 741.2	
	基本医疗保险(比率 8%)		45 096.48	
	住房公积金(比率 12%)		67 644.72	
其他应付款			124 015.32	
其中：	基本养老保险(比率 8%)		45 096.48	
	基本医疗保险(比率 2%)		11 274.12	
	住房公积金(比率 12%)		67 644.72	
应交税费			266 200	
其中：	应交增值税		242 000	
	应交城建税		16 940	
	应交教育费附加		7 260	
长期借款			5 918 000	
其中：	本金(工行)		2 200 000	3 年期经营借款，年利率 8%，到期一次还本付息
	本金(建行)		3 080 000	5 年期，建造仓库用，年利率 10%，到期一次还本付息
	应计利息(工行)		176 000	
	应计利息(建行)		462 000	
股本			6 276 975	

续表

会计科目	明细科目	借方余额	贷方余额	备　注
其中：	法人资本金　Q		345 975	
	法人资本金　W		4 000 000	
	法人资本金　R		3 931 000	
资本公积	其他资本公积		755 700	
盈余公积	法定盈余公积金		220 000	
本年利润			4 707 587.5	
利润分配	未分配利润		4 867 956.3	
合计		32 932 533	32 932 533	

二、其他资料

12 月初在产品资料

项　目	直接材料	直接人工	制造费用	合　计
基本生产成本(A 产品)	330 000	242 000	75 900	647 900
基本生产成本(B 产品)	352 000	253 000	88 000	693 000
合计	682 000	495 000	163 900	1 340 900

备注：该批在产品基本完工，等待验收入库。

12 月产量记录

项目	月初在产品数量(箱)	12 月投入产品数量(箱)
A 产品	310	320(全部完工)
B 产品	300	300(完工 200 箱，未完工 100 箱)
合计	610	620

12 月工时记录

项　目	12 月工时(小时)
A 产品	550
B 产品	562(完工用 452 小时，未完工用 110 小时)
合　计	1 112

12 月初固定资产明细表

固定资产类别	月折旧率(%)	基本生产车间固定资产原值	辅助生产车间固定资产原值	管理部门原值	销售部门原值	合计原值
房屋及建筑物	0.4	2 145 000	165 000	2 420 000	363 000	5 093 000
机器设备	0.6	935 000		880 000	242 000	2 057 000
运输设备	0.5	440 000	880 000	330 000	275 000	1 925 000
其他	0.6	968 000		722 700		1 690 700
合 计		4 488 000	1 045 000	4 352 700	880 000	10 765 700

利润表

单位名称:西藏藏秦祥药业 编制日期:2017 年 11 月 单位:元

项 目	本月数	本年累计数
一、营业收入	7 755 000	88 041 744
减:营业成本	5 235 216	61 478 964
税金及附加	126 036	1 739 232
销售费用	489 600	4 011 300
管理费用	1 048 248	10 857 060
财务费用	32 304	331 920
资产减值损失		
加:公允价值变动收益(净损失以“－”号填列)	12 000	18 000
投资收益(损失以“－”号填列)	9 408	83 754
其中:对联营企业和合营企业的投资收益		
二、营业利润(亏损以“－”号填列)	845 004	9 725 022
加:营业外收入	54 360	209 340
减:营业外支出	30 000	95 442
其中:非流动资产处置损失(收益以“－”号填列)		
三、利润总额(亏损以“－”号填列)	869 364	9 838 920
减:所得税费用	0	2 135 595
四、净利润(亏损以“－”号填列)	869 364	7 703 325
五、每股收益		
(一)基本每股收益		
(二)稀释每股收益		

相关阅读 6

中国固有的复式簿记

西式复式簿记即借贷记账法，产生于13—14世纪，经过五六百年的发展完善，才逐渐成为一种科学的簿记方法。在中国会计发展史上，亦曾出现过土生土长的收付复式账法——“龙门账”“四脚账”。

一、龙门账

15世纪以前，我国会计记录仍采用单式簿记方法。至明末，资本主义生产关系开始萌芽，出现了前资本主义的手工业和商业。为适应工商业发展的需要，新的金融组织如钱铺、钱庄等纷纷涌现。社会经济的变化，迫切要求改变旧的经营管理方式和会计核算方法，于是，在明代的商业中，“三脚账”便应运而生。其基本账理是：对于转账事项，同时记入来账和去账两方；对于现金出纳、货物买卖账项，则仅记一方，涉及现金的一方略去不记。由此可见，“三脚账”是在单式簿记基础上演进的一种不完整的复式账法。到了明末清初，由于商业和手工业的空前繁荣，在山西商界的票号之中，中国的复式簿记“龙门账”产生了。无独有偶，西方借贷复式簿记的产生，亦是随着资本主义经济关系的萌芽而诞生的。

“龙门账”是我国固有复式簿记的初级形态，它的“合龙”原理、结册编报方法，以及盈亏计算方法，对中式会计的发展有着深远的影响，成为我国部门会计——商业会计的开端。

二、四脚账

“四脚账”又名“天地合账”“天地盘账”“登销扎彩账”等，它是近代中式会计发展过程中，受“三脚账”“龙门账”的影响而产生的一种比较成熟的复式账法，是民国以前中式账法的最高表现形式。

我国18世纪中叶初步形成的资本主义性质的商品货币经济土壤，与13世纪意大利借贷复式簿记产生时的经济气候有许多相似之处，因而在中国这块土地上也自生自长起了较为健全的收付复式账法。“四脚账”在基本账理、复式记账、会计报告结构、项目内容和编制方法，以及平衡原理等方面，与借贷复式簿记方法有许多相似之处。而且，从动态簿记理论的角度考察，“四脚账”的来账、去账的设定以及以“来”“去”表示企业资财的来源和去处，更具有比其他任何记账符号（包括“借”“贷”）科学合理的优势。

“四脚账”法是我国固有账法的最高表现形式，也是我国会计方法由古代向现代过渡的媒介，它在我国会计发展史上具有重要的历史地位。

第七章　模拟企业会计核算本期资料

第一节　模拟企业 12 月份经济业务原始凭证

1-1

西藏藏秦祥药业有限责任公司借款单

NO.0170101　　　　日期　2017 年 12 月 01 日

部门名称	采购部	借款人	许林	部门领导	周红			
借款用途	预借差旅费							
借款金额（大写）	肆仟肆佰元整	现金付讫	十	万	千	百	十	元	角	分
				¥	4	4	0	0	0	0
单位领导	王永祥	会计	张晓伟	出纳	赵子阳			

第一联：记账联

2-1

西藏增值税专用发票

1200012345　　发票联　　No:16366555

开票日期：2017年12月01日

购货单位	名　　称：西藏藏秦祥药业有限责任公司 纳税人识别号：123456789012345 地 址、电 话：拉萨市江苏路1号 83451234 开户行及账号：中国工商银行拉萨市北京路支行1234567890	密码区	（略）				
货物或应税劳务名称	规格型号	单位	数量	单价	金额	税率	税额
甲材料		千克	2000	99.00	198000.00	17%	33660.00
乙材料		千克	700	242.00	169400.00	17%	28798.00
合　　计					￥367400.00		￥62458.00
价税合计（大写）	⊗人民币肆拾贰万玖仟捌佰伍拾捌元整				（小写）￥429858.00		
销货单位	名　　称：拉萨市福康藏药种植有限公司 纳税人识别号：123789456013245 地 址、电 话：拉萨市昌都路158号 85672389 开户行及账号：中国工商银行拉萨市色拉路支行1234645880	备注					

收款人：张丽丽　　复核：赵莹莹　　开票人：李艳艳　　销售单位：（章）

第二联：发票联　购货方记账凭证

2-2

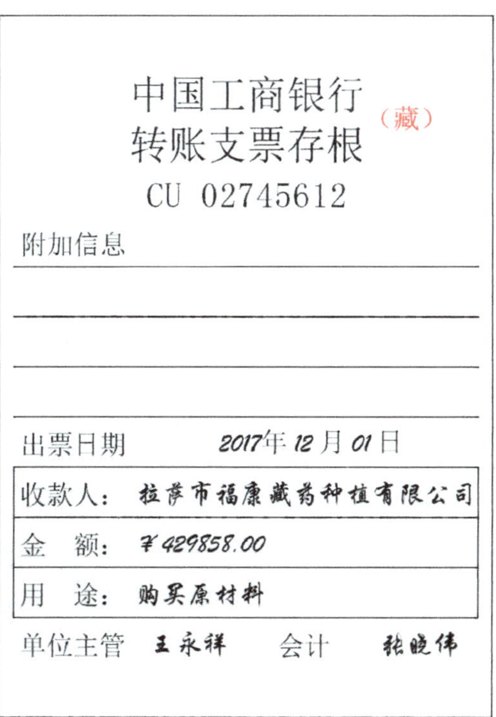

中国工商银行
转账支票存根（藏）

CU 02745612

附加信息

出票日期　2017年12月01日

收款人：拉萨市福康藏药种植有限公司

金　额：￥429858.00

用　途：购买原材料

单位主管　王永祥　　会计　张晓伟

2-3

西藏增值税专用发票

发票联

1200012346 No:16364098

开票日期：2017年12月01日

购货单位	名　称：西藏藏秦祥药业有限责任公司 纳税人识别号：123456789012345 地址、电话：拉萨市江苏路1号 83451234 开户行及账号：中国工商银行拉萨市北京路支行1234567890				密码区	（略）	
货物或应税劳务名称	规格型号	单位	数量	单价	金额	税率	税额
运费					2970.00	11%	326.70
合　计					￥2970.00		￥326.70
价税合计（大写）	⊗人民币叁仟贰佰玖拾陆元柒分整					（小写）￥3296.70	
销货单位	名　称：拉萨市迅达物流有限公司 纳税人识别号：123789456014891 地址、电话：拉萨市工布堂路37号 85672739 开户行及账号：中国工商银行拉萨市色拉路支行1234647810				备注	拉萨市迅达物流有限公司 123789456014891 发票专用章　现金付讫	

收款人：张小明　复核：王美美　开票人：李欣欣　销售单位：（章）

第二联：发票联　购货方记账凭证

2-4

运费分配计算表

分配对象	分配标准（公斤）	分配率	分配金额
甲材料			
乙材料			
合计			

2-5

西藏藏秦祥药业有限责任公司材料入库单

2017年12月01日　NO：109837

供货单位	拉萨市福康藏药种植有限公司					发票号码	No.16366555			仓库编号	001
材料类别	材料编号	材料名称	规格	单位	应收	实收	买价	运杂费	其他	总金额	单位成本
原材料	1001	甲材料		千克	2000	2000					
原材料	1002	乙材料		千克	700	700					
合计											
备注											

会计 张晓伟　采购员 王刚　采购主管 周红　验收 杨洋　仓库主管 刘月

第二联：记账联

3-1

中国工商银行（藏）
转账支票存根
CU 02745613

附加信息

出票日期　2017年12月02日

收款人：	拉萨市英才广告有限公司
金　额：	¥10600.00
用　途：	广告费

单位主管　王永祥　　会计　张晓伟

3-2

西藏增值税专用发票

发票联

1200012347　　No:16364761

开票日期：2017年12月02日

购货单位	名称：西藏藏秦祥药业有限责任公司 纳税人识别号：123456789012345 地址、电话：拉萨市江苏路1号 83451234 开户行及账号：中国工商银行拉萨市北京路支行1234567890	密码区	（略）				
货物或应税劳务名称	规格型号	单位	数量	单价	金额	税率	税额
广告费					10000.00	6%	600.00
合　计					¥10000.00		¥600.00
价税合计（大写）	⊗人民币壹万零陆佰元整				（小写）¥10600.00		
销货单位	名称：拉萨市英才广告有限公司 纳税人识别号：123789456025854 地址、电话：拉萨市纳金东路27号 85675609 开户行及账号：中国银行拉萨市城关支行1234690451	备注	拉萨市英才广告有限公司 123789456025854 发票专用章				

收款人：马天　　复核：张威　　开票人：李芸　　销售单位：（章）

第二联：发票联　购货方记账凭证

4-1

中国工商银行（藏）
现金支票存根
CN 01545601

附加信息

出票日期　2017 年 12 月 02 日

收款人：	西藏藏秦祥药业有限责任公司
金　额：	￥22000.00
用　途：	备用金

单位主管　王永祥　　会计　张晓伟

4-2

西藏藏秦祥药业有限责任公司借款单

NO. 0170102　　日期　2017 年 12 月 02 日

部门名称	销售部	借款人	林诚	部门领导	林诚							
借款用途	定额备用金											
借款金额（大写）	贰万贰仟元整　现金付讫			十	万	千	百	十	元	角	分	
				￥	2	2	0	0	0	0	0	
单位领导	王永祥	会计	张晓伟	出纳	赵子阳							

第一联：记账联

5-1

西藏增值税专用发票

1200012327　　发票联　　No:16368902

开票日期：2017年12月02日

购货单位	名称：西藏藏秦祥药业有限责任公司 纳税人识别号：123456789012345 地址、电话：拉萨市江苏路1号 83451234 开户行及账号：中国工商银行拉萨市北京路支行1234567890	密码区	（略）				
货物或应税劳务名称	规格型号	单位	数量	单价	金额	税率	税额
财产保险费					6000.00	6%	360.00
合计					¥6000.00		¥360.00
价税合计（大写）	⊗人民币陆仟叁佰陆拾元整				（小写）¥6360.00		
销货单位	名称：阳光财产保险公司拉萨分公司 纳税人识别号：123789456025155 地址、电话：拉萨市北京中路48号 85675100 开户行及账号：中国建设银行拉萨市北京东路支行1234690327	备注	阳光财产保险公司拉萨分公司 123789456025155 发票专用章				

收款人：万方　　复核：周青　　开票人：赵卫　　销售单位：（章）

第二联：发票联　购货方记账凭证

5-2

中国工商银行（藏）
转账支票存根
CU 02745614

附加信息

出票日期　2017年12月02日

收款人：	阳光财产保险公司拉萨分公司
金　额：	¥6360.00
用　途：	财产保险费

单位主管　王永祥　　会计　张晓伟

6-1

西藏增值税专用发票

记账联

1200012399　　No:16361987

开票日期：2017年12月03日

购货单位	名　称：西藏康复医药销售有限公司 纳税人识别号：123456789095908 地址、电话：拉萨市当热西路67号 83451957 开户行及账号：中国工商银行拉萨市色拉路支行1234645563				密码区	（略）		
货物或应税劳务名称	规格型号	单位	数量	单价	金额	税率	税额	
A产品		箱	40	3300	132000.00	17%	22440.00	
合　计					￥132000.00		￥22440.00	
价税合计（大写）	⊗人民币拾伍万肆仟肆佰肆拾元整				（小写）￥154440.00			
销货单位	名　称：西藏藏秦祥药业有限责任公司 纳税人识别号：123456789012345 地址、电话：拉萨市江苏路1号 83451234 开户行及账号：中国工商银行拉萨市北京路支行1234567890				备注			

收款人：许林　　复核：陈明　　开票人：赵子阳　　销售单位：（章）

第三联：记账联　销售方记账凭证

西藏藏秦祥药业有限责任公司 123456789012345 发票专用章

6-2

银行承兑汇票　　2　　XZ 01 20011256

出票日期（大写）：贰零壹柒 年 壹拾贰月 零叁 日

出票人全称	西藏康复医药销售有限公司	收款人	全　称	西藏藏秦祥药业有限责任公司
出票人账号	1234645563		账　号	1234567890
付款行全称	中国工商银行拉萨市色拉路支行		开户银行	中国工商银行拉萨市北京路支行

出票金额	人民币（大写）	拾伍万肆仟肆佰肆拾元整	亿	千	百	十	万	千	百	十	元	角	分
					￥	1	5	4	4	4	0	0	0

汇票到期日（大写）	贰零壹捌年零壹月零叁日	付款行	行　号	320185819561
承兑协议编号	625300		地　址	拉萨市城关区色拉路23号

本汇票请你行承兑，到期无条件付款。 出票人签章	本汇票已经承兑，到期日由本行付款 承兑行签章 承兑日期：2017年12月03日 备注：	复核　　记账

此联收款人开户行随托收凭证寄付款行作借方凭证附件

西藏康复医药销售有限公司 财务专用章　张天勇印　中国工商银行 320185819561 汇票专用章

6-3

西藏藏秦祥药业有限责任公司产品出库单　　NO:10001

购货方：西藏康复医药销售有限公司　　2017年12月03日　　仓库编号：003

产品编号	产品名称	规格	单位	出库数量	单价	金额	备注
3001	A产品		箱	40			
合计							

仓库主管　刘月　　仓库管理员　杨洋　　出库　黄阳　　记账　张晓伟

第二联：记账联

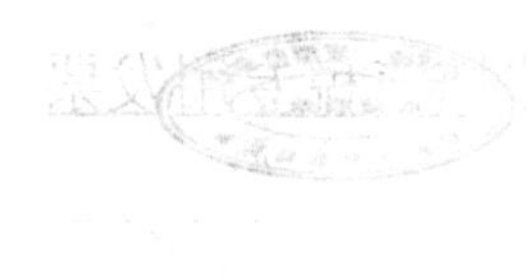

7-1

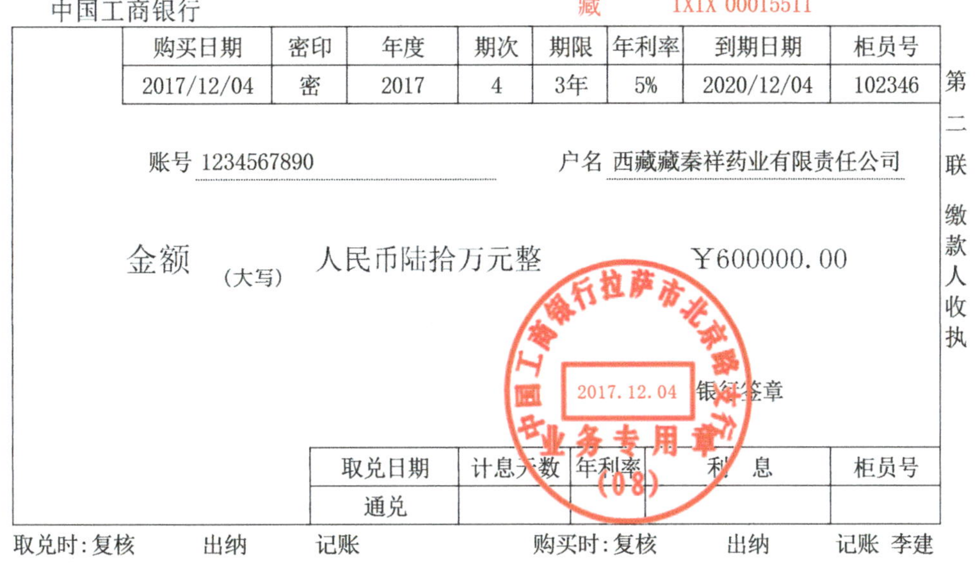

中华人民共和国凭证式国债收款凭证

中国工商银行　　藏　IXIX 00015511

购买日期	密印	年度	期次	期限	年利率	到期日期	柜员号
2017/12/04	密	2017	4	3年	5%	2020/12/04	102346

账号 1234567890　　户名 西藏藏秦祥药业有限责任公司

金额（大写）人民币陆拾万元整　　￥600000.00

中国工商银行拉萨市北京路支行 2017.12.04 业务专用章 (08)

银行签章

取兑日期	计息天数	年利率	利息	柜员号
通兑				

第二联 缴款人收执

取兑时：复核　出纳　记账　　购买时：复核　出纳　记账 李建

备注：到期一次还本付息，不准备长期持有。

7-2

中国工商银行（藏）
转账支票存根
CU 02745615

附加信息

出票日期 2017年12月04日

收款人：	工商银行拉萨市北京路支行
金　额：	￥6000000.00
用　途：	购买国债

单位主管 王永祥　会计 张晓伟

8-1

中国工商银行
转账支票存根 （藏）
CU 02745616

附加信息

出票日期 2017年12月04日

收款人：	拉萨藏原有限责任公司
金 额：	¥257400.00
用 途：	支付前欠货款

单位主管 王永祥 会计 张晓伟

9-1

中国工商银行借款借据（代收账通知）

借款合同编号：XZ20900517 2017 年 12 月 05 日

贷款单位	西藏藏秦祥药业有限责任公司											贷款申请编号	XZ20900517	贷款账号	1234567890	存款账号	1234567890
贷款金额	人民币（大写）叁佰万元整	千	百	十	万	千	百	十	元	角	分	贷款用途		短期周转			
		¥	3	0	0	0	0	0	0	0	0	利率		5%			
银行核定金额	人民币（大写）叁佰万元整	千	百	十	万	千	百	十	元	角	分	银行核定还款日期		2018/06/05			
		¥	3	0	0	0	0	0	0	0	0	银行实际放款日期		2017/12/05			

兹向你行借到上列款项，到期时请凭此借据从本单位存款账户内收回。 此致

贷款单位（章） 法人代表（章）

上列款项已按银行核定金额发放，并存入你单位账户。 此致

银行盖章 2017 年 12 月 05 日

10-1

中国工商银行进账单（收账通知） 3

2017 年 12 月 06 日 　　　　第 1623074 号

付款人			收款人		
付款人	全称	林芝白云医药销售有限公司	收款人	全称	西藏藏秦祥药业有限责任公司
	账号	1234514689		账号	1234567890
	开户银行	中国银行林芝分行		开户银行	中国工商银行拉萨市北京路支行

金额	人民币（大写）	亿	千	百	十	万	千	百	十	元	角	分
	壹拾壹万元整			￥	1	1	0	0	0	0	0	0

票据种类	银行汇票	票据张数	1	备注：
票据号码	517906			
复核　记账				收款人开户银行签章

中国工商银行 2017.12.06 转讫 (08)

此联是收款人开户银行给收款人的收账通知

备注：系前欠的货款及税金

11-1

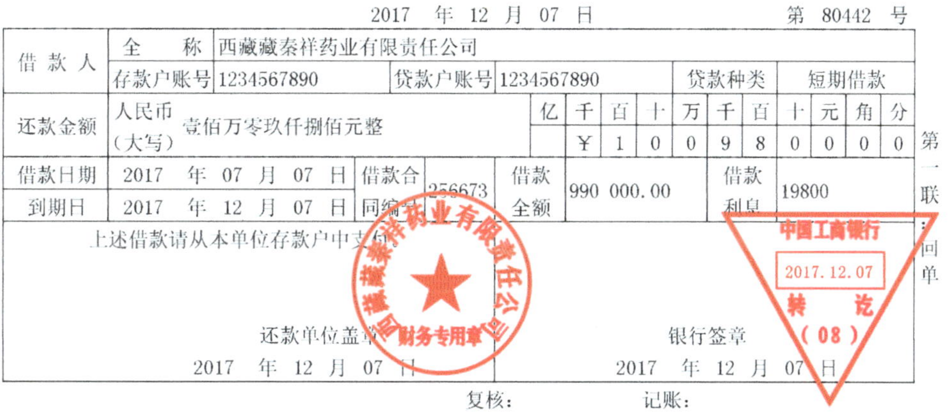

中国工商银行还款凭证

2017 年 12 月 07 日 　　　　第 80442 号

借款人	全称	西藏藏秦祥药业有限责任公司				
	存款户账号	1234567890	贷款户账号	1234567890	贷款种类	短期借款

还款金额	人民币（大写）	亿	千	百	十	万	千	百	十	元	角	分
	壹佰万零玖仟捌佰元整		￥	1	0	0	9	8	0	0	0	0

借款日期	2017 年 07 月 07 日	借款合同编号	256673	借款全额	990 000.00	借款利息	19800
到期日	2017 年 12 月 07 日						

上述借款请从本单位存款户中支付。

还款单位盖章 2017 年 12 月 07 日 　　银行签章 2017 年 12 月 07 日

复核： 　　记账：

第一联：回单

西藏藏秦祥药业有限责任公司 财务专用章

中国工商银行 2017.12.07 转讫 (08)

12-1

员工处罚单

2017年12月08日 　　　　N010795

姓名	赵中华	编号	12096	部门	销售部
处罚事由	迟到早退				
处罚金额	大写：叁佰元整			小写：￥300.00	
部门主管	林诚	人事部	张扬	总经理	王永祥
备注					

13-1

西藏增值税专用发票

记　账　联

1200012399　　　　No: 16361988

开票日期：2017年12月08日

购货单位	名　　称：拉萨诺康医药销售有限公司 纳税人识别号：123456789058355 地 址、电 话：拉萨市陕西北路67号 83451150 开户行及账号：中国工商银行拉萨市色拉路支行1234698733	密码区	（略）

货物或应税劳务名称	规格型号	单位	数量	单价	金额	税率	税额
A产品		箱	170	3520.00	598400.00	17%	101728.00
B产品		箱	230	3850.00	885500.00	17%	150535.00
合　计					￥1483900.00		￥252263.00
价税合计（大写）	⊗人民币壹佰柒拾叁万陆仟壹佰陆拾叁元整					（小写）￥1736163.00	

销货单位	名　　称：西藏藏秦祥药业有限责任公司 纳税人识别号：123456789012345 地 址、电 话：拉萨市江苏路1号 83451234 开户行及账号：中国工商银行拉萨市北京路支行1234567890	备注	

收款人：许林　　复核：陈明　　开票人：赵子阳　　销售单位：（章）

第三联：记账联　销售方记账凭证

13-2

中国工商银行（藏）
转账支票存根
CU 02745617

附加信息

出票日期　2017年12月08日

收款人：拉萨迅达物流有限公司
金　额：￥1000.00
用　途：代垫运费

单位主管　王永祥　　会计　张晓伟

13-3

商业承兑汇票　　2

NO:12352357809

出票日期：（大写）贰零壹柒 年 壹拾贰月零捌 日

付款人	全称	拉萨诺康医药销售有限公司	收款人	全称	西藏藏秦祥药业有限责任公司
	账号	1234698733		账号	1234567890
	开户银行	中国工商银行拉萨市色拉路支行		开户银行	中国工商银行拉萨市北京路支行

出票金额	人民币（大写）	⊗壹佰柒拾叁万陆仟壹佰陆拾叁元整	亿	千	百	十	万	千	百	十	元	角	分
				¥	1	7	3	6	1	6	3	0	0

汇票到期日（大写）	贰零壹捌年零贰月零柒日	付款人开户行	行号	320185819561
承兑协议编号	XF54189413		地址	拉萨市城关区色拉路23号

本汇票已经承兑，到期无条件付款。

西藏康复医药销售有限公司 财务专用章　　王明大印

承兑人签章

承兑日期：2017 年 12 月 08 日

本汇票请予以承兑，到期日付款。

西藏康复医药销售有限公司 财务专用章　　王明大印

出票人签章

此联收款人开户行随结算凭证寄付款人开户行作借方凭证附件

13-4

西藏藏秦祥药业有限责任公司产品出库单　　NO:10002

购货方：拉萨诺康医药销售有限公司　　2017年12月08日　　仓库编号：003

产品编号	产品名称	规格	单位	出库数量	单价	金额	备注
3001	A产品		箱	170			
3002	B产品		箱	230			
合计							

第二联：记账联

仓库主管　刘月　　仓库管理员　杨洋　　出库　黄阳　　记账　张晓伟

14-1

中华人民共和国
税收通用完税凭证

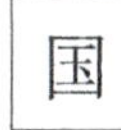

(2017)藏国完电: NO:1700315

注册类型: 企业　　填发日期: 2017 年 12 月 10 日　　税务机关: 拉萨市国家税务局

纳税人代码	123456789012345	地址	拉萨市江苏路1号			
纳税人名称	西藏藏泰祥药业有限责任公司	税款所属时期	20171101-20171131			
税种	品目名称	课税数量	计税金额或销售收入	税率或单位税额	已缴或扣税额	实缴金额
增值税			¥1423529.41	17%		¥242000.00
金额合计(大写)⊗人民币贰拾肆万贰仟元整						¥242000.00
税务机关(盖章)	委托征收单位(盖章)	填票人(章) 张晓伟	备注			

第二联: 收据 交纳税人作完税凭证

14-2

中华人民共和国
税收通用完税凭证

(2017)藏地完电: NO:3002741

注册类型: 企业　　填发日期: 2017 年 12 月 10 日　　税务机关: 拉萨市地方税务局

纳税人代码	123456789012345	地址	拉萨市江苏路1号			
纳税人名称	西藏藏泰祥药业有限责任公司	税款所属时期	20171101-20171131			
税种	品目名称	课税数量	计税金额或销售收入	税率或单位税额	已缴或扣税额	实缴金额
城市维护建设税			¥242000.00	7%		¥16940.00
教育费附加			¥242000.00	3%		¥7260.00
金额合计(大写)⊗人民币贰万肆仟贰佰元整						¥24200.00
税务机关(盖章)	委托征收单位(盖章)	填票人(章) 张晓伟	备注			

第二联: 收据 交纳税人作完税凭证

15-1

西藏增值税专用发票

发票联

1200012719

No:16368238

开票日期：2017年12月10日

购货单位	名称：西藏藏秦祥药业有限责任公司 纳税人识别号：123456789012345 地址、电话：拉萨市江苏路1号 83451234 开户行及账号：中国工商银行拉萨市北京路支行1234567890	密码区	（略）				
货物或应税劳务名称	规格型号	单位	数量	单价	金额	税率	税额
甲材料		千克	3000	95.00	285000.00	17%	48450.00
乙材料		千克	2500	245.00	612500.00	17%	104125.00
合计					¥897500.00		¥152575.00
价税合计（大写）	⊗人民币壹佰零伍万零柒拾伍元整				（小写）¥1050075.00		
销货单位	名称：西藏光明药材贸易有限公司 纳税人识别号：123789456081595 地址、电话：拉萨市昌都北路38号 85675312 开户行及账号：西藏银行拉萨城关支行1234610629	备注					

收款人：李强　复核：赵明　开票人：王伟　销售单位：（章）

第二联：发票联 购货方记账凭证

15-2

西藏增值税专用发票

发票联

1200012346

No:16364100

开票日期：2017年12月10日

购货单位	名称：西藏藏秦祥药业有限责任公司 纳税人识别号：123456789012345 地址、电话：拉萨市江苏路1号 83451234 开户行及账号：中国工商银行拉萨市北京路支行1234567890	密码区	（略）				
货物或应税劳务名称	规格型号	单位	数量	单价	金额	税率	税额
运费					3025.00	11%	332.75
合计					¥3025.00		¥332.75
价税合计（大写）	⊗人民币叁仟叁佰伍拾柒元柒分伍角				（小写）¥3357.75		
销货单位	名称：拉萨市迅达物流有限公司 纳税人识别号：123789456014891 地址、电话：拉萨市工布堂路37号 85672739 开户行及账号：中国工商银行拉萨市色拉路支行1234647810	备注					

收款人：张小明　复核：王美美　开票人：李欣欣　销售单位：（章）

现金付讫

第二联：发票联 购货方记账凭证

15-3

运费分配计算表

分配对象	分配标准（重量）	分配率	分配金额
甲材料	3000		
乙材料	2500		
合计	5500		

16-1

西藏藏秦祥药业有限责任公司产成品入库单

No：10001

送库单位：加工车间　　2017 年 12 月 10 日　　仓库编号：003

产品编号	产品名称	规格	单位	送库数量	合格数量	实收数量	单位成本	总成本	备注
3001	A产品		箱	310	310	310	2090	647900	该批完工产品系月初在产品完工入库
3002	B产品		箱	300	300	300	2310	693000	
合计				610				1340900	

第二联：记账联

仓库主管 刘月　仓库管理员 万源　检验员 杨洋　送库员 赵德

17-1

西藏藏秦祥药业有限责任公司差旅费报销单

2017 年 12 月 10 日　　No:0001245

姓名	许林		出差事由		前往成都参加订货会			所属部门	采购部		起讫日期		2017年12月1日-2017年12月8日		出差天数	8天
出发			到达			交通			出差补助				住宿费	其他		合计
月	日	地点	月	日	地点	人数	工具	金额	日数	标准	人数	金额	金额	项目	金额	
12	1	拉萨市	12	8	成都市	1	火车、汽车	660.00	8			1980.00	1540.00		44.00	4224.00
合计																4224.00
报销总额	人民币(大写) 肆仟贰佰贰拾肆元整								¥4224.00				备注：			
预借金额	4400.00			核销金额	4224.00			退/补金额	176.00		单据张数	15				

单位领导：王永祥　部门主管：周红　财务主管：陈明　会计：张晓伟　出纳：赵子阳　报销人：许林

17-2

西藏藏秦祥药业有限责任公司收据

2017 年 12 月 10 日　　No:000101

交款人	许林	收款方式	现金
事由：系收交来多借差旅费			
金额（大写）人民币壹佰柒拾陆元整		¥176.00	
备注：			

现金收讫

西藏藏秦祥药业有限责任公司 财务专用章

第二联：记账联

会计主管 陈明　会计 张晓伟　收款人 赵子阳　收款单位（章）

18-1

西藏藏秦祥药业有限责任公司领料单

领料单位：基本生产车间　　　　　　　　　　　　　　　编号：20101231

用途：生产A产品　　　　2017年12月10日　　　　　　　仓库：001

材料类别	材料编号	材料名称	规格	计量单位	数量		单价	金额
					请领	实发		
原材料	1001	甲材料		千克	400	400		
原材料	1002	乙材料		千克	300	300		
备注：							合计	

第二联：记账联

记账：赵子阳　　发料：刘月　　领料单位负责人：李鑫　　领料人：赵德

18-2

西藏藏秦祥药业有限责任公司领料单

领料单位：基本生产车间　　　　　　　　　　　　　　　编号：20101232

用途：生产B产品　　　　2017年12月10日　　　　　　　仓库：001

材料类别	材料编号	材料名称	规格	计量单位	数量		单价	金额
					请领	实发		
原材料	1001	甲材料		千克	600	600		
原材料	1002	乙材料		千克	300	300		
备注：							合计	

第二联：记账联

记账：赵子阳　　发料：刘月　　领料单位负责人：李鑫　　领料人：赵德

18-3

西藏藏秦祥药业有限责任公司领料单

领料单位：基本生产车间　　　　　　　　　　　　　　　编号：20101233

用途：生产A产品　　　　2017年12月10日　　　　　　　仓库：001

材料类别	材料编号	材料名称	规格	计量单位	数量		单价	金额
					请领	实发		
原材料	1003	丙材料		千克	150	150		
原材料	1004	丁材料		千克	450	450		
备注：							合计	

第二联：记账联

记账：赵子阳　　发料：刘月　　领料单位负责人：李鑫　　领料人：赵德

18-4

西藏藏秦祥药业有限责任公司领料单

领料单位：基本生产车间　　　　编号：20101234

用途：生产B产品　　　　2017年12月10日　　　　仓库：001

材料类别	材料编号	材料名称	规格	计量单位	数量		单价	金额
					请领	实发		
原材料	1011	机物料		千克	450	450		
周转材料	1021	木箱		个	1000	1000		
备注：							合计	

第二联：记账联

记账：赵子阳　　发料：刘月　　领料单位负责人：李鑫　　领料人：赵德

18-5

西藏藏秦祥药业有限责任公司领料单

领料单位：辅助生产车间　　　　编号：20101235

用途：一般耗用　　　　2017年12月10日　　　　仓库：001

材料类别	材料编号	材料名称	规格	计量单位	数量		单价	金额
					请领	实发		
原材料	1011	机物料		千克	100	100		
备注：							合计	

第二联：记账联

记账：赵子阳　　发料：刘月　　领料单位负责人：李鑫　　领料人：赵德

18-6

西藏藏秦祥药业有限责任公司领料单

领料单位：辅助生产车间　　　　编号：20101236

用途：劳动保障　　　　2017年12月10日　　　　仓库：001

材料类别	材料编号	材料名称	规格	计量单位	数量		单价	金额
					请领	实发		
周转材料	1051	工作服		件	10	10		
备注：							合计	

第二联：记账联

记账：赵子阳　　发料：刘月　　领料单位负责人：李鑫　　领料人：赵德

18-7

西藏藏秦祥药业有限责任公司领料单

领料单位：销售部　　　　编号：20101237

用途：一般耗用　　　　2017年12月10日　　　　仓库：001

材料类别	材料编号	材料名称	规格	计量单位	数量		单价	金额
					请领	实发		
原材料	1011	机物料		千克	100	100		
备注：							合计	

第二联：记账联

记账：赵子阳　　发料：刘月　　领料单位负责人：林诚　　领料人：黄阳

18-8

西藏藏秦祥药业有限责任公司领料单

领料单位：行政部门　　　　编号：20101238

用途：一般耗用　　　　2017年12月10日　　　　仓库：001

材料类别	材料编号	材料名称	规格	计量单位	数量		单价	金额
					请领	实发		
原材料	1011	机物料		千克	200	200		
备注：							合计	

第二联：记账联

记账：赵子阳　　发料：刘月　　领料单位负责人：陈红　　领料人：王强

18-9

西藏藏秦祥药业有限责任公司领料单

领料单位：基本生产车间　　　　编号：20101239

用途：生产、劳动保障　　　　2017年12月10日　　　　仓库：001

材料类别	材料编号	材料名称	规格	计量单位	数量		单价	金额
					请领	实发		
周转材料	1061	生产工具		套	100	100		
周转材料	1051	工作服		件	50	50		
备注：							合计	

第二联：记账联

记账：赵子阳　　发料：刘月　　领料单位负责人：李鑫　　领料人：赵德

19-1

贴现凭证（收账通知） 5

填写日期：贰零壹柒年壹拾贰月壹拾壹日　　No:321748021

贴现汇票	种类	商业承兑汇票	号码 5320861	申请人	名称	西藏藏秦祥药业有限责任公司
	出票日	2017 年 08 月 11 日			账号	1234567890
	到期日	2018 年 02 月 11 日			开户银行	中国工商银行拉萨市北京路支行
汇票承兑人名称	西藏康复医药销售有限公司		账号	1234645563	开户银行	中国工商银行色拉路支行

汇票金额	人民币（大写）	⊗伍拾贰万壹仟捌佰肆拾元整	千	百	十	万	千	百	十	元	角	分
				¥	5	2	1	8	4	0	0	0

贴现率	12%	贴现利息	千	百	十	万	千	百	十	元	角	分	实付贴现金额	千	百	十	万	千	百	十	元	角	分

上述款项已入你单位账户。 此致 中国工商银行 2017.12.11 转讫（08） 银行盖章 2017 年 12 月 11 日	备注：

复核：　　记账：

此联银行给贴现申请人的收账通知

备注：该票据无追索权

20-1

中国工商银行还款凭证

2017 年 12 月 15 日　　第 80443 号

借款人	全称	西藏藏秦祥药业有限责任公司				
	存款户账号	1234567890	贷款户账号	1256765656	贷款种类	短期借款

还款金额	人民币（大写）	贰佰贰拾叁万叁仟元整	亿	千	百	十	万	千	百	十	元	角	分
				¥	2	2	3	3	0	0	0	0	0

借款日期	2017 年 01 月 15 日	借款合同编号	253123	借款本金	2200000	借款利息	33000
到期日	2017 年 12 月 15 日						

西藏藏秦祥药业有限责任公司 财务专用章 还款单位盖章 2017 年 12 月 15 日	上述借款已从你单位存款户中转出。 中国工商银行 2017.12.15 转讫（08） 银行签章 2017 年 12 月 15 日

复核：　　记账：

第一联：回单

21-1

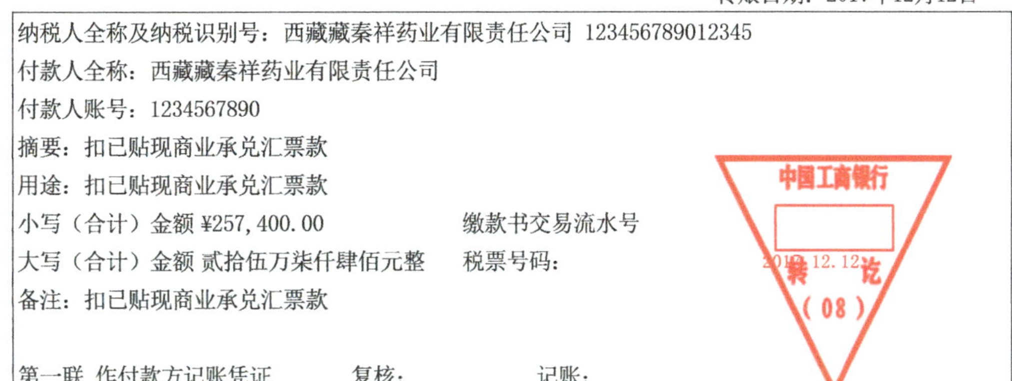

中国工商银行电子回单

转账日期：2017年12月12日

纳税人全称及纳税识别号：西藏藏秦祥药业有限责任公司 123456789012345
付款人全称：西藏藏秦祥药业有限责任公司
付款人账号：1234567890
摘要：扣已贴现商业承兑汇票款
用途：扣已贴现商业承兑汇票款
小写（合计）金额 ¥257,400.00 缴款书交易流水号
大写（合计）金额 贰拾伍万柒仟肆佰元整 税票号码：
备注：扣已贴现商业承兑汇票款

第一联 作付款方记账凭证 复核： 记账：

备注：该商业承兑汇票系拉萨汇方医药承兑，面值257 400元，期限3个月，不带息，贴现率12%，贴现期为2个月。有追索权。

21-2

坏账确认凭证

填制日期：2017年12月12日

对方单位名称	拉萨市汇方医药有限公司
坏账确认原因	商业承兑汇票无力付款257400.00
坏账确认金额	人民币（大写） 贰拾伍万柒仟肆佰元整 257400.00

记账：陈明 复核：王永祥 制单：张晓伟

22-1

西藏增值税专用发票

发 票 联

1200012791　　No:16367758

开票日期：2017年12月12日

购货单位	名　　称：西藏藏秦祥药业有限责任公司 纳税人识别号：123456789012345 地 址、电 话：拉萨市江苏路1号 83451234 开户行及账号：中国工商银行拉萨市北京路支行1234567890	密码区	（略）				
货物或应税劳务名称	规格型号	单位	数量	单价	金额	税率	税额
S设备		台	2	30800.00	61600.00	17%	10472.00
合　计					￥61600.00		￥10472.00
价税合计（大写）	⊗人民币柒万贰仟零柒拾贰元整				（小写）￥72072.00		
销货单位	名　　称：西藏阳光机械贸易有限公司 纳税人识别号：123789456049610 地 址、电 话：拉萨市日喀则北路6号 85672693 开户行及账号：西藏银行拉萨城关支行1234617294	备注	西藏阳光机械贸易有限公司 123789456049610 发票专用章				

收款人：李强　　复核：赵明　　开票人：王伟　　销售单位：（章）

第二联：发票联　购货方记账凭证

22-2

中国工商银行电汇凭证（回　单）　1

委托日期　2017　年　12　月　12　日　　第　209791　号

汇款人	全　称	西藏藏秦祥药业有限责任公司	收款人	全　称	西藏阳光机械贸易有限公司
	账　号	1234567890		账　号	1234617294
	汇出地点	西藏　省　拉萨　市/县		汇入地点	西藏　省　拉萨　市/县
汇出行名称		中国工商银行拉萨市北京路支行	汇入行名称		西藏银行拉萨城关支行
金额	人民币（大写）	柒万贰仟零柒拾贰元整	亿 千 百 十 万 千 百 十 元 角 分		￥ 7 2 0 7 2 0 0
中国工商银行 2017.12.12 转讫 （08） 汇出行签章			支付密码		（略）
			附加信息及用途：		复核　　记账

此联汇出行给汇款人的回单

22-3

西藏增值税专用发票

发　票　联

1200012346　　　　No:16364102

开票日期：2017年12月10日

购货单位	名　　称：西藏藏秦祥药业有限责任公司 纳税人识别号：123456789012345 地 址、电 话：拉萨市江苏路1号 83451234 开户行及账号：中国工商银行拉萨市北京路支行1234567890	密码区	（略）

货物或应税劳务名称	规格型号	单位	数量	单价	金额	税率	税额
运费					1100.00	11%	121.00
合　计					￥1100.00		￥121.00
价税合计（大写）	⊗人民币壹仟贰佰贰拾壹元整				（小写）￥1221.00		

销货单位	名　　称：拉萨市迅达物流有限公司 纳税人识别号：123789456014891 地 址、电 话：拉萨市工布堂路37号 85672739 开户行及账号：中国工商银行拉萨市色拉路支行1234647810	备注	拉萨市迅达物流有限公司 123789456014891 发票专用章 现金付讫

收款人：张小明　　复核：王美美　　开票人：李欣欣　　销售单位：（章）

第二联：发票联　购货方记账凭证

22-4

固定资产验收单

2017 年 12 月 12 日

编　号	900129	名　称	S设备	新旧程度	全新	财产来源	购买
牌　号	S-07	规　格	SVC	财产原值		折旧方式	直线折旧
数　量	2	保管地点	生产车间	使用部门	生产车间	已使年限	0
折旧年限	10	年折旧额		残值率		清理残值	
资产详情	该资产用于生产经营						
使用单位意见	同意验收。 签字：李鑫（章）　西藏藏秦祥药业有限责任公司 生产部						
资产管理部门意见	同意验收。 签字：陈明（章）　西藏藏秦祥药业有限责任公司 财务部						
单位意见	同意验收。 签字：陈红（章）　西藏藏秦祥药业有限责任公司 行政部						
备注							

23-1

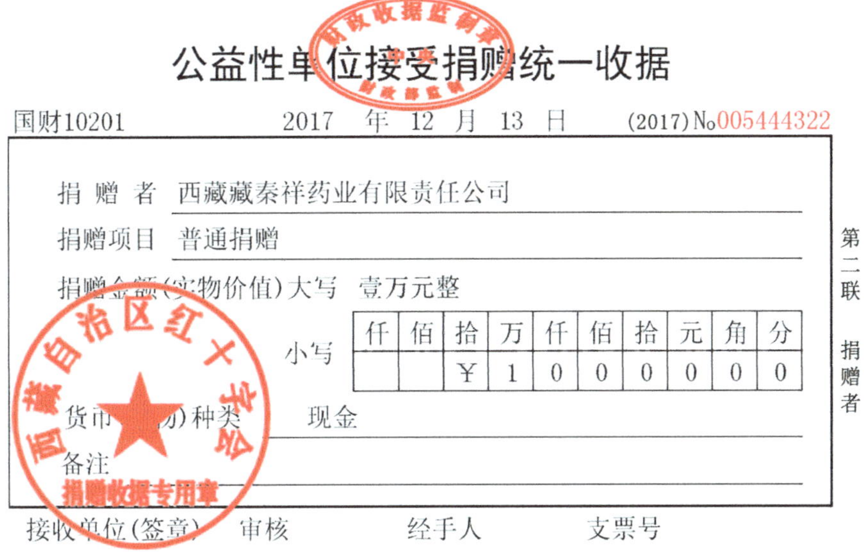

公益性单位接受捐赠统一收据

国财10201　　2017 年 12 月 13 日　　(2017)№005444322

捐 赠 者　西藏藏秦祥药业有限责任公司

捐赠项目　普通捐赠

捐赠金额(实物价值)大写　壹万元整

小写

仟	佰	拾	万	仟	佰	拾	元	角	分
		¥	1	0	0	0	0	0	0

货币(实物)种类　现金

备注

接收单位(签章)　审核　经手人　支票号

第二联　捐赠者

24-1

西藏证券结算凭证

12/15/2017　　成交过户交割单

股东编号：	A119968365	成交证券：	股票6000C
电脑编号：	12309	成交数量：	10000
公司名称：	西藏藏秦祥药业有限责任公司	成交价格：	22.00
申报编号：	256	成交金额：	220000.00
申报时间：	9:20	佣金：	550.00
成交时间：	9:50	过户费：	
上次余额：	0（股）	印花税：	660.00
本次成交：	10000（股）	应付金额：	
本次余额：	10000（股）	附加费用：	
本次库存：	10000（股）	实付金额：	221210.00
备注：不准备长期持有，款项[illegible]专户划转。			
经办单位：(盖章)		客户签章：	陈明

25-1

中国工商银行（藏）
现金支票存根
CN 01545602

附加信息

出票日期 2017 年 12 月 15 日

收款人：西藏藏泰祥药业有限责任公司
金 额：￥44000.00
用 途：备用金

单位主管 王永祥 会计 张晓伟

26-1

中国工商银行（藏）
转账支票存根
CU 02745618

附加信息

出票日期　2017年12月15日

收款人：	西藏藏泰祥药业有限责任公司
金　额：	¥563706.00
用　途：	10月份员工工资

单位主管　王永祥　　会计　张晓伟

26-2

中华人民共和国
税收通用完税凭证

（2017）藏税完电：　NO:1700798

注册类型：企业　　填发日期：2017年12月15日　　税务机关：拉萨市国家税务局

纳税人代码	123456789012345		地　址	拉萨市江苏路1号		
纳税人名称	西藏藏泰祥药业有限责任公司		税款所属时期	20171101-20171131		
税　种	品目名称	课税数量	计税金额或销售收入	税率或单位税额	已缴或扣税额	实缴金额
基本养老保险基金 基本医疗保险基金 住房公积金						¥157 837.68 ¥56 370.60 ¥135 289.44
金额合计	（大写）⊗人民币叁拾肆万玖仟肆佰玖拾柒元柒角贰分					¥349 497.72
税务机关（盖章）	委托征收单位（盖章）	填票人（章）张晓伟	备注			

第二联：收据　交纳税人作完税凭证

（印章：拉萨市国家税务局 征收专用章；拉萨市国家税务局 2017.12.15 转帐 转讫）

27-1

西藏增值税专用发票

1200012791　　　　发票联　　　　No:16367759

开票日期：2017年12月18日

购货单位	名称：西藏藏秦祥药业有限责任公司 纳税人识别号：123456789012345 地址、电话：拉萨市江苏路1号 83451234 开户行及账号：中国工商银行拉萨市北京路支行1234567890				密码区	（略）		
货物或应税劳务名称	规格型号	单位	数量	单价	金额	税率	税额	
机物料		千克	800	8.36	6 688.00	17%	1 136.96	
木箱		个	500	6.60	3 300.00	17%	561.00	
合　计					9 988.00		1 697.96	
价税合计（大写）	⊗人民币壹万壹仟陆佰捌拾伍元玖角陆分				（小写）¥11 685.96			
销货单位	名称：西藏阳光机械贸易有限公司 纳税人识别号：123789456049610 地址、电话：拉萨市日喀则北路6号 85672693 开户行及账号：西藏银行拉萨城关支行1234617294				备注			

收款人：李强　　复核：赵明　　开票人：王伟　　销售单位：（章）

第二联：发票联 购货方记账凭证

27-2

西藏藏秦祥药业有限责任公司材料入库单

2017年11月18日　　　　NO：109838

供货单位	西藏阳光机械贸易有限公司					发票号码	No:16367759			仓库编号	001
材料类别	材料编号	材料名称	规格	单位	应收	实收	买价	运杂费	其他	总金额	单位成本
原材料	1011	机物料		千克	800	800					
周转材料	1021	木箱		个	500	500					
合计											
备注											

会计 张晓伟　采购员 王刚　采购主管 周红　验收 杨洋　仓库主管 刘月

第二联：记账联

27-1

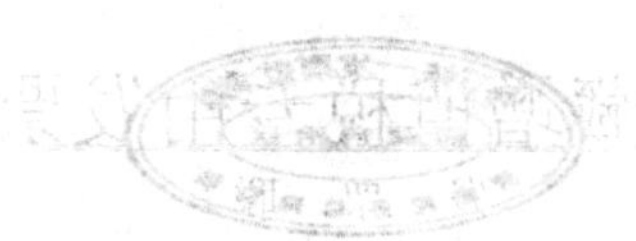

27-2

28-1

西藏增值税普通发票

发票联

9206402741　　　　No:75334565

开票日期：2017年12月20日

购货单位	名称：西藏藏秦祥药业有限责任公司 纳税人识别号：123456789012345 地址、电话：拉萨市江苏路1号 83451234 开户行及账号：中国工商银行拉萨市北京路支行1234567890	密码区	（略）

货物或应税劳务名称	规格型号	单位	数量	单价	金额	税率	税额
办公用品		批	1	3 000.00	3 000.00	17%	510.00
合　计							
价税合计（大写）	⊗人民币叁仟伍佰壹拾元整				（小写）¥3 510.00		

销货单位	名称：拉萨市新兴商贸有限公司 纳税人识别号：123456789095301 地址、电话：拉萨市江苏路17号 83450139 开户行及账号：中国工商银行拉萨市北京路支行1234514279	备注	拉萨市新兴商贸有限公司 123456789095301 发票专用章　现金付讫

收款人：张威　复核：李峰　开票人：程风　销售单位：（章）

第二联：发票联 购货方记账凭证

备注：办公室领用1500元，销售部领用840元，生产车间领用720元，运输车间领用450元。

29-1

特约委托收款凭证（付款通知） 3

第 215479 号

委电

委收日期：2017 年 12 月 20 日　　委收号码：826-09-88369

付款人	全称	西藏藏秦祥药业有限责任公司	收款人	全称	拉萨市自来水公司
	账号或地址	1234567890		账号或地址	1234563527
	开户银行	中国工商银行拉萨市北京路支行		开户银行	西藏银行城关支行

委托金额	人民币（大写）	捌仟贰佰伍拾元整	亿	千	百	十	万	千	百	十	元	角	分
							¥	8	2	5	0	0	0

款项内容	代缴水费	委托收款凭据名称		附寄单证张数	
备注：电划		款项委托日期 2017 年 12 月 20 日（拉萨市自来水公司 123456789047318 发票专用章）		付款人开户行盖章 2017 年 12 月 20 日（中国工商银行 2017.12.20 转讫 (08)）	

此联付款人开户行给付款人的通知

注：行政管理部门承担6600元，基本生产车间承担1650元。

30-1

特约委托收款凭证（付款通知）3

第 215480 号

委电　　委收日期：2017 年 12 月 20 日　　委收号码：826-09-88379

付款人	全　称	西藏藏秦祥药业有限责任公司	收款人	全　称	国家电网拉萨分公司
	账号或地址	1234567890		账号或地址	1234569527
	开户银行	中国工商银行拉萨市北京路支行		开户银行	中国银行城关支行
委托金额	人民币（大写）	壹万捌仟壹佰伍拾元整		亿 千 百 十 万 千 百 十 元 角 分	￥ 1 8 1 5 0 0 0
款项内容	代缴电网费	委托收款凭据名称		附寄单证张数	
备注：电划	款项受托日期 2017 年 12 月 20 日			付款人开户行盖章 2017 年 12 月 20 日	

此联付款人开户行给付款人的通知

注：行政管理部门承担9650元，基本生产车间承担8500元。

31-1

西藏藏秦祥药业有限责任公司收据

2017 年 11 月 21 日　　No:000102

交款人	拉萨青稞药材贸易有限公司	收款方式	现金
事由：系包装物押金			
金额（大写）人民币壹仟元整		￥1000.00	
备注：			

会计主管　陈明　会计　张晓伟　收款人　赵子阳　收款单位（章）

第二联：记账联

32-1

西藏增值税专用发票

记账联

1200012399　　　　No:16361989

开票日期：2017年12月22日

购货单位	名称：西安古城化学有限公司 纳税人识别号：321123456701011 地址、电话：西安市古城路3号 86547654 开户行及账号：中国银行西安市长安支行3376485121			密码区	（略）		
货物或应税劳务名称	规格型号	单位	数量	单价	金额	税率	税额
乙材料		千克	500	396.00	198 000.00	17%	33 660.00
合计							
价税合计（大写）	⊗人民币贰拾叁万壹仟陆佰陆拾元整				（小写）￥231 660.00		
销货单位	名称：西藏藏秦祥药业有限责任公司 纳税人识别号：123456789012345 地址、电话：拉萨市江苏路1号 83451234 开户行及账号：中国工商银行拉萨市北京路支行1234567890			备注	西藏藏秦祥药业有限责任公司 123456789012345 发票专用章		

收款人：许林　　复核：陈明　　开票人：赵子阳　　销售单位：（章）

第三联：记账联　销售方记账凭证

32-2

中国工商银行进账单（收账通知）　　3

2017 年 12 月 22 日　　第 1623098 号

付款人	全称	西安古城化学有限公司	收款人	全称	西藏藏秦祥药业有限责任公司
	账号	3376485121		账号	1234567890
	开户银行	中国银行西安市长安支行		开户银行	中国工商银行拉萨市北京路支行
金额	人民币（大写）	贰拾叁万壹仟陆佰陆拾元整		亿 千 百 十 万 千 百 十 元 角 分	￥ 2 3 1 6 6 0 0 0
票据种类	银行汇票	票据张数 1	备注：		
票据号码	517970				
复核　记账			中国工商银行 2017.12.22 转讫 (08)		收款人开户银行签章

此联是收款人开户银行给收款人的收账通知

32-3

西藏藏秦祥药业有限责任公司领料单

领料单位：销售部　　　　编号：20101240

用途：销售　　　　2017年12月22日　　　　仓库：001

材料类别	材料编号	材料名称	规格	计量单位	数量		单价	金额
					请领	实发		
原材料	1002	乙材料		千克	500	500		
备注：							合计	

第二联：记账联

记账：赵子阳　　发料：刘月　　领料单位负责人：李鑫　　领料人：赵德

33-1

中国工商银行进账单（收账通知）　3

2017 年 12 月 22 日　　第 1623099 号

付款人	全称	拉萨市新兴商贸有限公司	收款人 全称	西藏藏秦祥药业有限责任公司
	账号	1234514279	账号	1234567890
	开户银行	中国工商银行拉萨市北京路支行	开户银行	中国工商银行拉萨市北京路支行
金额	人民币（大写）	柒拾柒万贰仟贰佰元整	亿 千 百 十 万 千 百 十 元 角 分	¥ 7 7 2 2 0 0 0 0
票据种类	银行汇票	票据张数 1	备注：	
票据号码	517513			
	复核　记账		收款人开户银行签章	

中国工商银行 2017.12.22 转讫 (08)

此联是收款人开户银行给收款人的收账通知

33-2

西藏增值税专用发票

记 账 联

1200012399　　　　　　　　　　　　No:16361990

开票日期：2017年12月22日

购货单位	名　　称：拉萨市新兴商贸有限公司 纳税人识别号：123456789095301 地 址、电 话：拉萨市江苏路17号 83450139 开户行及账号：中国工商银行拉萨市北京路支行1234514279	密码区	（略）

货物或应税劳务名称	规格型号	单位	数量	单价	金额	税率	税额
A产品		箱	200	3 300.00	660 000.00	17%	112 200.00
合　　计					¥660 000.00		¥112 200.00
价税合计（大写）	⊗人民币柒拾柒万贰仟贰佰元整				（小写）¥772 200.00		

销货单位	名　　称：西藏藏秦祥药业有限责任公司 纳税人识别号：123456789012345 地 址、电 话：拉萨市江苏路1号 83451234 开户行及账号：中国工商银行拉萨市北京路支行1234567890	备注	西藏藏秦祥药业有限责任公司 123456789012345 发票专用章

收款人：许林　　复核：陈明　　开票人：赵子阳　　销售单位：（章）

第三联：记账联　销售方记账凭证

33-3

西藏藏秦祥药业有限责任公司产品出库单

NO:10003

购货方：拉萨市新兴商贸有限公司　　2017年12月22日　　仓库编号：003

产品编号	产品名称	规格	单位	出库数量	单价	金额	备注
3001	A产品		箱	200			
合计							

仓库主管　刘月　　仓库管理员　杨洋　　出库　黄阳　　记账　张晓伟

第二联：记账联

34-1

西藏增值税普通发票

发票联

9206402741　　No:75334566

开票日期：2017年12月25日

购货单位	名称：西藏藏秦祥药业有限责任公司 纳税人识别号：123456789012345 地址、电话：拉萨市江苏路1号 83451234 开户行及账号：中国工商银行拉萨市北京路支行1234567890	密码区	（略）				
货物或应税劳务名称	规格型号	单位	数量	单价	金额	税率	税额
机修零部件		批	1	3 300.00	3 300.00	17%	561.00
合　计					¥3 300.00		¥561.00
价税合计（大写）	⊗人民币叁仟捌佰陆拾壹元整				（小写）¥3 861.00		
销货单位	名称：拉萨市新兴商贸有限公司 纳税人识别号：123456789095301 地址、电话：拉萨市江苏路17号 83450139 开户行及账号：中国工商银行拉萨市北京路支行1234514279	备注	拉萨市新兴商贸有限公司 123456789095301 发票专用章				

收款人：张威　复核：李峰　开票人：程风　销售单位：（章）

第二联：发票联　购货方记账凭证

备注：此批产品全部用于加工车间机器设备日常维护用。

34-2

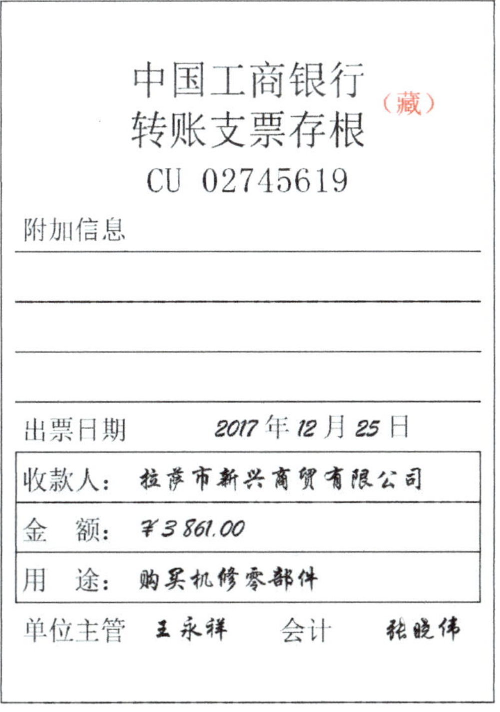

中国工商银行
转账支票存根　（藏）

CU 02745619

附加信息

出票日期　2017年12月25日

收款人：拉萨市新兴商贸有限公司

金　额：¥3 861.00

用　途：购买机修零部件

单位主管　王永祥　会计　张晓伟

35-1

西藏藏秦祥药业有限责任公司领料单

领料单位：基本生产车间　　　　　　　　　　　　编号：20101241

用途：生产B产品　　　　2017年12月28日　　　　仓库：001

材料类别	材料编号	材料名称	规格	计量单位	数量		单价	金额
					请领	实发		
原材料	1002	乙材料		千克	50	50		
原材料	1004	丁材料		千克	500	500		
备注：							合计	

第二联：记账联

记账：赵子阳　　发料：刘月　　领料单位负责人：李鑫　　领料人：赵德

35-2

西藏藏秦祥药业有限责任公司领料单

领料单位：基本生产车间　　　　　　　　　　　　编号：20101242

用途：生产A产品　　　　2017年12月28日　　　　仓库：001

材料类别	材料编号	材料名称	规格	计量单位	数量		单价	金额
					请领	实发		
原材料	1001	甲材料		千克	300	300		
原材料	1003	丙材料		千克	350	350		
备注：							合计	

第二联：记账联

记账：赵子阳　　发料：刘月　　领料单位负责人：李鑫　　领料人：赵德

35-3

西藏藏秦祥药业有限责任公司领料单

领料单位：辅助生产车间　　　　　　　　　　　　　　编号：20101243

用途：生产耗用　　　　　　2017年12月28日　　　　　　仓库：001

材料类别	材料编号	材料名称	规格	计量单位	数量		单价	金额
					请领	实发		
原材料	1011	机物料		千克	150	150		
备注：							合计	

第二联：记账联

记账：赵子阳　　发料：刘月　　领料单位负责人：李鑫　　领料人：赵德

35-4

西藏藏秦祥药业有限责任公司领料单

领料单位：辅助生产车间　　　　　　　　　　　　　　编号：20101244

用途：劳动保障　　　　　　2017年11月28日　　　　　　仓库：001

材料类别	材料编号	材料名称	规格	计量单位	数量		单价	金额
					请领	实发		
周转材料	1051	工作服		件	20	20		
备注：							合计	

第二联：记账联

记账：赵子阳　　发料：刘月　　领料单位负责人：李鑫　　领料人：赵德

35-5

西藏藏秦祥药业有限责任公司领料单

领料单位：基本生产车间　　　　　　　　　　编号：20101245

用途：生产A产品　　　　2017年12月28日　　　　仓库：001

材料类别	材料编号	材料名称	规格	计量单位	数量		单价	金额
					请领	实发		
原材料	1011	机物料		千克	140	140		
周转材料	1021	木箱		个	400	400		
备注：							合计	

第二联：记账联

记账：赵子阳　　　　发料：刘月　　　　领料单位负责人：李鑫　　　　领料人：赵德

35-6

西藏藏秦祥药业有限责任公司领料单

领料单位：基本生产车间　　　　　　　　　　编号：20101246

用途：生产B产品　　　　2017年12月28日　　　　仓库：001

材料类别	材料编号	材料名称	规格	计量单位	数量		单价	金额
					请领	实发		
原材料	1011	机物料		千克	300	300		
周转材料	1021	木箱		个	400	400		
备注：							合计	

第二联：记账联

记账：赵子阳　　　　发料：刘月　　　　领料单位负责人：李鑫　　　　领料人：赵德

35-7

西藏藏秦祥药业有限责任公司领料单

领料单位：销售部　　　　　　　　　　　　　　编号：20101247

用途：一般耗用　　　　2017年12月28日　　　　仓库：001

材料类别	材料编号	材料名称	规格	计量单位	数量		单价	金额
					请领	实发		
原材料	1011	机物料		千克	100	100		
备注：							合计	

第二联：记账联

记账：赵子阳　　发料：刘月　　领料单位负责人：林诚　　领料人：黄阳

35-8

西藏藏秦祥药业有限责任公司领料单

领料单位：行政部门　　　　　　　　　　　　　编号：20101248

用途：一般耗用　　　　2017年12月28日　　　　仓库：001

材料类别	材料编号	材料名称	规格	计量单位	数量		单价	金额
					请领	实发		
原材料	1011	机物料		千克	100	100		
备注：							合计	

第二联：记账联

记账：赵子阳　　发料：刘月　　领料单位负责人：陈红　　领料人：王强

35-9

西藏藏秦祥药业有限责任公司领料单

领料单位：基本生产车间　　　　　　　　编号：20101249

用途：劳动保障　　　　2017年12月28日　　　　仓库：001

材料类别	材料编号	材料名称	规格	计量单位	数量		单价	金额
					请领	实发		
周转材料	1051	工作服		件	80	80		
备注：							合计	

第二联：记账联

记账：赵子阳　　发料：刘月　　领料单位负责人：李鑫　　领料人：赵德

35-10

西藏藏秦祥药业有限责任公司领料单

领料单位：基本生产车间　　　　　　　　编号：20101250

用途：一般耗用　　　　2017年12月28日　　　　仓库：001

材料类别	材料编号	材料名称	规格	计量单位	数量		单价	金额
					请领	实发		
原材料	1006	戊材料		千克	100	100		
备注：							合计	

第二联：记账联

记账：赵子阳　　发料：刘月　　领料单位负责人：李鑫　　领料人：赵德

36-1

拉萨飞跃公司收据

2017 年 12 月 29 日　　　　No:052316

交款人	西藏藏秦祥药业有限责任公司	收款方式	转账支票
事由：系预付货款			
金额（大写）人民币贰拾万元整			¥200 000.00
备注：			

会计主管　　会计　　收款人　李小光　　收款单位（章）

第三联：交付款人

（印章：拉萨飞跃公司 财务专用章）

36-2

中国工商银行
转账支票存根（藏）

CU 02745620

附加信息

出票日期　2017年 12 月 29日

收款人：	拉萨飞跃公司
金　额：	¥200 000.00
用　途：	预付货款

单位主管　王永祥　　会计　张晓伟

37-1

特殊记账凭证

填制日期：2017年12月30日

对方单位名称	拉萨方升科技有限公司
坏账确认原因	该公司破产
坏账确认金额	人民币（大写）贰拾贰万元整　　￥22,000.00

记账：陈明　　复核：王永祥　　制单：张晓伟

38-1

特约委托收款凭证（付款通知） 3

第 215490 号

委电　　委收日期：2017 年 12 月 30 日　　委收号码：826-09-88679

付款人	全　称	西藏藏秦祥药业有限责任公司	收款人	全　称	中国电信拉萨市分公司
	账号或地址	1234567890		账号或地址	1234569179
	开户银行	中国工商银行拉萨市北京路支行		开户银行	中国银行城关支行

委托金额	人民币（大写）	亿	千	百	十	万	千	百	十	元	角	分
	柒仟壹佰伍拾元整					￥	7	1	5	0	0	0

款项内容	代缴通信费	计费月份	2017年12月	附寄单证张数	
备注：电划	款项受托日期 2017 年 12 月 30 日		付款人开户行盖章 2017 年 12 月 30 日		

印章：中国电信拉萨市分公司 12345678934675５ 发票专用章；中国工商银行 2017.12.30 转讫（08）

此联付款人开户行给付款人的通知

注：全部计入管理费用

39-1

西藏增值税专用发票

1200012399 记账联 No:16361991

开票日期：2017年12月30日

购货单位	名称：成都新康医药贸易有限公司 纳税人识别号：123456789052861 地址、电话：成都市天府路87号 83451479 开户行及账号：中国银行成都市天府路支行1234516390	密码区	（略）				
货物或应税劳务名称	规格型号	单位	数量	单价	金额	税率	税额
B产品		箱	-20	3 850.00	-77 000.00	17%	-13 090.00
合计					¥-77 000.00		¥-13 090.00
价税合计（大写）	⊗人民币（负数）玖万零玖拾元整				（小写）¥-90 090.00		
销货单位	名称：西藏藏秦祥药业有限责任公司 纳税人识别号：123456789012345 地址、电话：拉萨市江苏路1号 83451234 开户行及账号：中国工商银行拉萨市北京路支行1234567890	备注	上月销售退回 此联为红字发票				

收款人：许林 复核：陈明 开票人：赵子阳 销售单位：（章）

第三联：记账联 销售方记账凭证

39-2

中国工商银行电汇凭证（回单） 1

委托日期 2017 年 12 月 30 日 第 209812 号

汇款人	全称	西藏藏秦祥药业有限责任公司	收款人	全称	成都新康医药贸易有限公司
	账号	1234567890		账号	1234516390
	汇出地点	西藏 省 拉萨 市/县		汇入地点	四川 省 成都 市/县
汇出行名称		中国工商银行拉萨市北京路支行	汇入行名称		中国银行成都市天府路支行
金额	人民币（大写）	玖万零玖拾元整			¥9009000
汇出行签章			支付密码		（略）
			附加信息及用途：		销售退回款
			复核		记账

此联汇出行给汇款人的回单

39-3

西藏藏秦祥药业有限责任公司产成品入库单

No：10002

送库单位：销售部 2017 年 12 月 30 日 仓库编号：003

产品编号	产品名称	规格	单位	送库数量	合格数量	实收数量	单位成本	总成本	备注
3002	B产品		箱	20	20	20	2310	46200	
合计						20		46200	

仓库主管 赵月 仓库管理员 万源 检验员 杨洋 送库员 赵德

第二联：记账联

40-1

拉萨求是资产评估有限公司文件

我单位接受西藏藏秦祥药业有限责任公司（以下简称贵公司）委托，依据《中华人民共和国资产评估管理办法》等规定，对拉萨海涛有限公司名下土地使用权进行评估，经评估，该资产账面价值240万元，公允价值为240万元，预计使用寿命为20年。

资产评估师：张自力　　资产评估师：李力行

拉萨求是资产评估有限公司

2017年11月30日

40-2

无形资产入股协议书

甲　方：西藏藏秦祥药业有限责任公司

乙　方：拉萨海涛有限公司

经甲、乙双方协商，将乙方拥有的土地使用权作价240万元入股甲方发展产业，甲、乙双方本着公平、平等、互利的原则订立合作协议如下：

（以下省略）

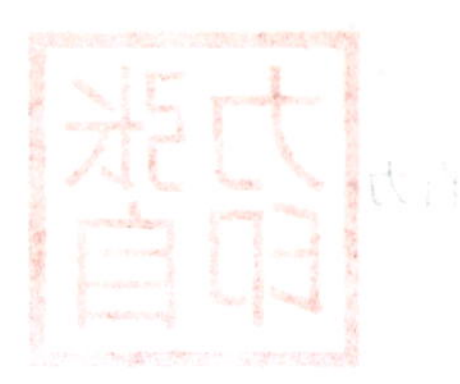

41-1

拉萨市人民医院医疗收费专用票据

付款单位：西藏藏秦祥药业有限责任公司　　日期：2017年12月30日　　NO:2145125

项目	金额	项目	金额
体检费	20 000.00		
合计	20 000.00		
		收款人：王丽丽	

拉萨市人民医院 收费专用章

41-2

中国工商银行（藏）
转账支票存根
CU 02745621

附加信息

出票日期　2017年12月30日

收款人：	拉萨市人民医院
金　额：	¥20 000.00
用　途：	职工体检费

单位主管　王永祥　　会计　张晓伟

42-1

西藏藏秦祥药业有限责任公司费用报销单

2017 年 12 月 30 日　　NO:3214552

报销人	赵中华	所属部门	销售部	部门领导	林诚
用途	招待费				
报销金额：（大写）	人民币壹仟伍佰元整			¥1 500.00	
备注：				现金付讫	

会计主管：陈明　　记账：张晓伟　　出纳：赵子阳

43-1

西藏增值税专用发票

发票联

1200012068　　　No:16367738

开票日期：2017年12月30日

购货单位	名　　称：西藏藏秦祥药业有限责任公司 纳税人识别号：123456789012345 地址、电话：拉萨市江苏路1号 83451234 开户行及账号：中国工商银行拉萨市北京路支行1234567890			密码区	（略）		
货物或应税劳务名称	规格型号	单位	数量	单价	金额	税率	税额
生产专用工具		套	1 000	6.60	6 600.00	17%	1 122.00
合　计							
价税合计（大写）	⊗人民币柒仟柒佰贰拾贰元整				（小写）¥7 722.00		
销货单位	名　　称：北京天星商贸有限公司 纳税人识别号：123789456092656 地址、电话：北京市人民路6号 85671253 开户行及账号：北京银行城东支行1234617212			备注			

收款人：李强　　复核：赵明　　开票人：王伟　　销售单位：（章）

第二联：发票联　购货方记账凭证

43-2

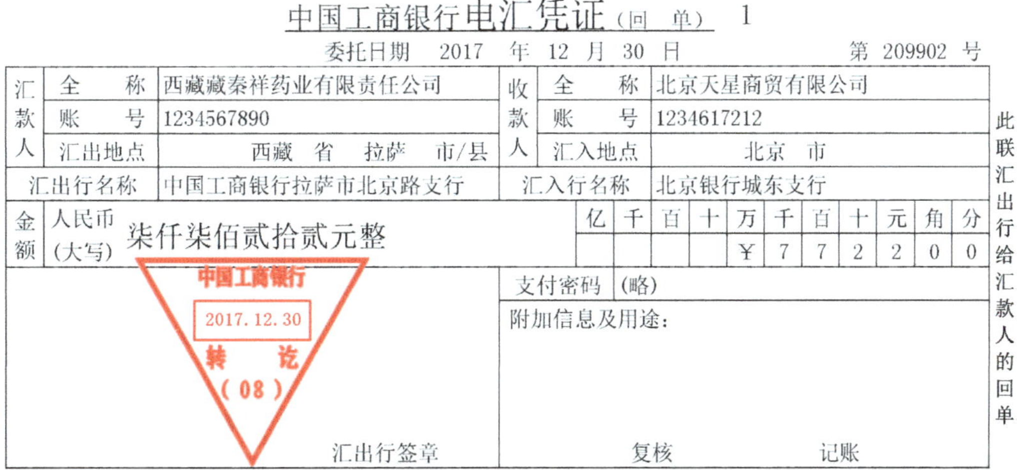

中国工商银行电汇凭证（回　单）　1

委托日期　2017　年　12　月　30　日　　　第　209902　号

汇款人	全　称	西藏藏秦祥药业有限责任公司	收款人	全　称	北京天星商贸有限公司
	账　号	1234567890		账　号	1234617212
	汇出地点	西藏　省　拉萨　市/县		汇入地点	北京　市
汇出行名称		中国工商银行拉萨市北京路支行	汇入行名称		北京银行城东支行
金额	人民币（大写）	柒仟柒佰贰拾贰元整			亿 千 百 十 万 千 百 十 元 角 分 ¥ 7 7 2 2 0 0
汇出行签章			支付密码		（略）
			附加信息及用途：		
			复核		记账

此联汇出行给汇款人的回单

44-1

西藏证券结算凭证

12/30/2017　　　　成交过户交割单　　　　卖

股东编号：	A119968365	成交证券：	中泰股份
电脑编号：	12309	成交数量：	20 000
公司名称：	西藏藏秦祥药业有限责任公司	成交价格：	11.10
申报编号：	257	成交金额：	222 000.00
申报时间：	9:20	佣金：	220.00
成交时间：	9:50	过户费：	
上次余额：	20 000（股）	印花税：	440.00
本次成交：	20 000（股）	应付金额：	
本次余额：	0（股）	附加费用：	
本次库存：	0（股）	实收金额：	[illegible]1 340.00
经办单位：（盖章）		客户签章：	

备注：　划分为交易性金融资产，成本价为10元/股，公允价值借方余额10 000元。

45-1

现金清查单

单位：藏秦祥药业有限责任公司　　　　2017年12月30日　　　　单位：元

实存金额	账面金额	实存与账面对比		备注：
		短缺	溢余	原因待查
990.00	1 100.00	110.00		

盘点人：张晓伟　　　　　　　　出纳：赵子阳

46-1

现金清查盘亏（盈）处理通知书

2017 年 12 月 30 日的现金清查中发现现金短缺 110 元，人民币大写壹佰壹拾元整，经过审查确认，由于出纳员赵子阳工作失职造成，由赵子阳负责赔偿。

总经理：王永祥

会计主管：陈明

西藏藏秦祥药业有限责任公司

2017 年 12 月 30 日

47-1

西藏藏秦祥药业有限责任公司收据

2017　年　11　月　30　日　　　　No:000103

交款人	赵子阳	收款方式	现金
事由：现金短缺赔偿			
金额（大写）人民币壹佰壹拾元整		￥110.00	
备注：			

第二联：记账联

现金收讫

西藏藏秦祥药业有限责任公司 财务专用章

会计主管　陈明　　会计　张晓伟　　收款人　张晓伟　　收款单位（章）

48-1

工资结算汇总表

2017年12月30日

部门	基本工资	奖金	岗位津贴	应付工资	代扣款	实发工资
生产车间（A）	181 390.00	49 610.00	33 000.00	264 000.00		
生产车间（B）	161 810.00	55 000.00	25 190.00	242 000.00		
车间管理人员	26 400.00	3 300.00	14 300.00	44 000.00		
辅助车间（机修）	17 600.00	5 500.00	6 600.00	29 700.00		
行政管理部门	47 300.00	3 300.00	4 400.00	55 000.00		
销售部门	11 000.00	8 800.00	2 200.00	22 000.00		
在建工程人员（厂房）	23 100.00	5 390.00	4 510.00	33 000.00		
研发人员（D专利）	19 800.00	8 470.00	4 730.00	33 000.00		
合计	488 400.00	139 370.00	94 930.00	722 700.00		

复核：陈明　　　　　　　　　　　　　　　　　　制表：张晓伟

备注：按工资的14%计提职工福利费，2.5%计提职工教育经费，2%计提工会会费。

49-1

五险一金计提表（企业负担部分）

2017年12月30日

部门	计提基础	养老保险（20%）	医疗保险（8%）	失业保险（0.5%）	工伤保险（0.5%）	生育保险（0.5%）	住房公积金（12%）	合计
生产车间（A）	264 000.00							
生产车间（B）	242 000.00							
车间管理人员	44 000.00							
辅助车间（机修）	29 700.00							
行政管理部门	55 000.00							
销售部门	22 000.00							
在建工程人员（厂房）	33 000.00							
研发人员（D专利）	33 000.00							
合计	722 700.00							

复核：陈明　　　　　　　　　　　　　　　　　　制表：

50-1

五险一金计提表（职工个人负担部分）

2017年12月30日

部门	计提基础	养老保险（8%）	医疗保险（2%）	失业保险（0.5%）	住房公积金（12%）	合计
生产车间（A）	264 000.00					
生产车间（B）	242 000.00					
车间管理人员	44 000.00					
辅助车间（机修）	29 700.00					
行政管理部门	55 000.00					
销售部门	22 000.00					
在建工程人员（厂房）	33 000.00					
研发人员（D专利）	33 000.00					
合计	722 700.00					

复核：陈明　　　　　　　　　　　　　　　　　　　　　　　制表：

51-1

材料领用汇总表

年　月　日

项目	甲材料		乙材料		丙材料		丁材料		戊材料		包装物（木箱）		低值易耗品（工作服）		低值易耗品（生产工具）		机物料	
	数量	金额	数量	金额	数量	金额	数量	金额	数量	金额	数量	金额	数量	金额	数量	金额	数量	金额
A产品																		
B产品																		
基本生产车间																		
辅助生产车间																		
行政管理部门																		
销售部门																		
对外销售																		
合计																		

52-1

无形资产摊销计算表

年　月　日　　　　　　　　　　单位：元

无形资产名称	无形资产原值	已摊销金额	本期摊销额	无形资产净值

会计主管：　　　　　　　　　　　　　　　　　　　　　　　制表：

53-1

固定资产折旧计算表

年　　月　　日

固定资产类别	月折旧率（%）	基本生产车间	辅助生产车间	管理部门	销售部门	合计
房屋及建筑物	0.4					
机器设备	0.6					
运输设备	0.5					
其他	0.6					
合计						

会计主管：　　　　复核：　　　　制表：

54-1

辅助生产费用分配表

2017年12月30日

受益部门	受益数量	单位成本	分配金额
A产品	120小时		
B产品	80小时		
车间一般耗用	400小时		
行政管理部门	80小时		
销售部门	320小时		
合计	1000小时		

会计主管：　　　　制表：

55-1

制造费用分配表

2017年12月30日

项目	生产工时	分配率	分配金额
A产品	550		
B产品	562		
合计			
备注：分配率保留2位小数			

会计主管：　　　　制表：

56-1

产品成本计算单

年　月　　　　　　　　本月投产320箱

产品名称：A产品		完工数量：320		在产品数量：0	
成本项目	直接材料	直接人工	制造费用	辅助生产成本	合计
月初在产品成本					
本月发生生产费用					
约当产量					
分配率					
完工产品成本					
月末在产品成本					

会计主管：　　　　　　　　制表：

56-2

产品成本计算单

年　月　　　　　　　　本月投产300箱

产品名称：B产品		完工数量：200箱		在产品数量：100箱	
成本项目	直接材料	直接人工	制造费用	辅助生产成本	合计
月初在产品成本					
本月发生生产费用					
约当产量					
分配率					
完工产品成本					
月末在产品成本					

会计主管：　　　　　　　　制表：

56-3

完工产品入库汇总表

年　月　日

产品名称	单位	入库数量	总成本	单位成本
A产品	箱			
B产品	箱			
合计				
备注	该批完工产品全部为本月投入，A产品全部完工，B产品本月投入300箱，完工200箱，100箱尚未完工.			

57-1

西藏藏秦祥药业有限责任公司产品出库单 NO:10008

购货方：拉萨市新兴商贸有限公司 2017年12月30日 仓库编号：003

产品编号	产品名称	规格	单位	出库数量	单位成本	金额	备注
3001	A产品		箱	30			作为福利发放给管理人员
合计				30			

第二联：记账联

仓库主管 刘月 仓库管理员 杨洋 出库 黄阳 记账 张晓伟

57-2

内部转账单

2017年12月30日

摘要	产品名称	规格	单位	出库数量	售价	金额
结转作为福利的产品	A产品		箱	30	3000	90000
合计				30		90000

财务主管 审核 制表

58-1

已售A产品成本计算表

年　月　日　　　　单位：元

时间	期初余额			本月入库			本月销售		
	数量	单位成本	总成本	数量	单位成本	总成本	数量	单位成本	总成本
12月1日	450箱	1980	891000						
合计									

会计主管：　　　　制表：

58-2

已售B产品成本计算表

年　月　日　　　　单位：元

时间	期初余额			本月入库			本月销售		
	数量	单位成本	总成本	数量	单位成本	总成本	数量	单位成本	总成本
12月1日	300箱	2200	660000						
合计									

会计主管：　　　　制表：

59-1

关于同意转销无法支付前欠货款的批复

财务部：

你部《关于转销无法支付前欠 N 公司货款的请示》已经收悉。经核实，该公司已经破产倒闭属实，同意将该应付账款 9560 元（人民币玖仟伍佰陆拾元整）转作营业外收入。请按有关财务知道进行账务处理。

特此批复。

西藏藏秦祥药业有限责任公司董事会

2017 年 12 月 31 日

60-1

中国工商银行收费回单

转账日期：2017年12月12日

交易日期：20171212

付款人全称：西藏藏秦祥药业有限责任公司

付款人账号：1234567890

摘要：账户管理费用

币种：人民币

小写（合计）金额 ¥1,000.00

大写（合计）金额　壹仟元整

61-1

借款利息计算表

年 月 日 单位：元

借款项目	计息期间	借款本金	借款利率	本月借款利息
合计				

会计主管： 制表：

62-1

应交增值税计算表

年 月 日

项目	栏次	金额
本期销项税额	1	
本期进项税额	2	
本期进项税额转出	3	
本期应抵扣的税额	4=2-3	
本期应纳税额（或未未抵扣金额）	5	
	6	
转出应交未交增值税	7=5	

会计主管： 制表：

62-2

城建税及教育附加费用计算表

年 月 日

项目	计税依据	计提比例	金额
城市维护建设税		7%	
教育费附加		3%	
合计			

会计主管： 制表：

63-1

坏账准备计提表

2017年12月31日

应收账款年末余额	计提比例	坏账准备账户余额		本年末实际提取坏账准备
		借方	贷方	

复核：　　　　制表：

64-1

固定资产减值准备计提表

单位：西藏藏秦祥药业公司　　2017/12/31

项目	原值	已提折旧	预计可收回金额	已提取的减值准备	应提取的减值准备
运输设备			1300000		

复核：　　　　制表：

64-2

无形资产减值准备计提表

单位：西藏藏秦祥药业公司　　2017/12/31

项目	原值	已摊销金额	预计可收回金额	已提取的减值准备	应提取的减值准备
专利技术A			500000		

复核：　　　　制表：

64-3

长期股权投资减值准备计提表

单位：西藏藏秦祥药业公司　　2017/12/31

项目	原值	已摊销金额	预计可收回金额	已提取的减值准备	应提取的减值准备
Z股份			6150000		

复核：　　　　制表：

65-1

交易性金融资产公允价值变动计算表

单位：西藏藏秦祥药业公司　　　　2017/12/31

交易性金融资产种类	账面成本	当前市价	公允价值变动损益
股票6000B		750000	
股票6000A		365000	

复核：　　　　　　　　　　财务负责人：

66-1

利润总额计算表

年　月　日

1本期损益类项目（益）		2本期损益类项目（损）	
科目名称	本期发生额	科目名称	本期发生额
合计			
本月利润总额=1-2=			

会计主管：　　　　　　　复核：　　　　制表：

67-1

应交所得税计算表

年　月　日

利润总额	纳税调整增加项	纳税调整减少项	应纳税所得额	所得税率	应纳所得税
1	2	3	4=1+2−3	5	6=4×5

会计主管：　　　　复核：　　　　制表：

备注：假定此处暂不考虑纳税调整事项。

68-1

利润分配计算表

年　月　日

利润分配项目	本年净利润	以前年度未弥补亏损	可供分配的利润金额	分配比例	分配金额
提取法定盈余公积				10%	
提取任意盈余公积				8%	
应付利润				20%	
合计					

会计主管：　　　　复核：　　　　制表：

第二节　模拟企业12月份编报资料

资产负债表

单位名称：　　　　　　　　　　　日期：　　　　　　　　　　　单位：元

资　　产	期末余额	年初余额	负债和所有者权益(或股东权益)	期末余额	年初余额
流动资产：			流动负债：		
货币资金			短期借款		
交易性金融资产			交易性金融负债		
应收票据			应付票据		
应收账款			应付账款		
预付款项			预收款项		
应收利息			应付职工薪酬		
应收股利			应交税费		
其他应收款			应付利息		
存货			应付股利		
一年内到期的非流动资产			其他应付款		
其他流动资产			一年内到期的非流动负债		
流动资产合计			其他流动负债		
非流动资产：			流动负债合计		
可供出售金融资产			非流动负债：		
持有至到期投资			长期借款		
长期应收款			应付债券		
长期股权投资			长期应付款		
投资性房地产			专项应付款		
固定资产			预计负债		
在建工程			递延所得税负债		
工程物资			其他非流动负债		
固定资产清理			非流动负债合计		
生产性生物资产			负债合计		
油气资产			所有者权益(或股东权益)		
无形资产			实收资本(或股本)		
开发支出			资本公积		
商誉			减:库存股		
长期待摊费用			盈余公积		
递延所得税资产			未分配利润		
其他非流动资产			所有者权益(或股东权益)合计		
非流动资产合计					
资产总计			负债和所有者权益(或股东权益)合计		

制表人：　　　　　　　负责人：　　　　　　　财务负责人：　　　　　　　单位负责人：

利润表

单位名称： 编制日期： 年 月 单位：元

项 目	本月数	本年累计数
一、营业收入		
减：营业成本		
税金及附加		
销售费用		
管理费用		
财务费用		
资产减值损失		
加：公允价值变动收益（净损失以“－”号填列）		
投资收益（损失以“－”号填列）		
其中：对联营企业和合营企业的投资收益		
二、营业利润（亏损以“－”号填列）		
加：营业外收入		
减：营业外支出		
其中：非流动资产处置损失（收益以“－”号填列）		
三、利润总额（亏损以“－”号填列）		
减：所得税费用		
四、净利润（亏损以“－”号填列）		
五、每股收益		
（一）基本每股收益		
（二）稀释每股收益		

应交税费——应交增值税明细账

会计科目及编号：应交税费

明细科目：应交增值税

日期		凭证号数	摘要	进项	转出未交	合计	销项	进项转出	转出多交	合计	借或贷	余额

增值税纳税申报表

（适用于增值税一般纳税人）

根据《中华人民共和国增值税暂行条例》和《交通运输业和部分现代服务业营业税改征增值税试点实施办法》的规定制定本表。纳税人不论有无销售额，均应按主管税务机关核定的纳税期限按期填报本表，并于次月一日起十五日内，向当地税务机关申报。

税款所属时间：　　年　月　日至　　年　月　日　　填表日期：　　年　月　日　　单位：元

<table>
<tr><td>纳税人识别号</td><td colspan="3"></td><td>所属行业</td><td colspan="3"></td></tr>
<tr><td>纳税人名称</td><td>（公章）</td><td>法定代表人姓名</td><td></td><td>注册地址</td><td></td><td>营业地址</td><td></td></tr>
<tr><td>开户银行及账号</td><td colspan="2"></td><td>企业登记注册类型</td><td colspan="2"></td><td>电话号码</td><td></td></tr>
</table>

<table>
<tr><td colspan="2" rowspan="2">项目</td><td rowspan="2">栏次</td><td colspan="2">一般货物及劳务和应税服务</td><td colspan="2">即征即退货物及劳务和应税服务</td></tr>
<tr><td>本月数</td><td>本年累计</td><td>本月数</td><td>本年累计</td></tr>
<tr><td rowspan="10">销售额</td><td>（一）按适用税率征税销售额</td><td>1</td><td></td><td></td><td></td><td></td></tr>
<tr><td>其中：应税货物销售额</td><td>2</td><td></td><td>—</td><td>—</td><td>—</td></tr>
<tr><td>应税劳务销售额</td><td>3</td><td></td><td>—</td><td>—</td><td>—</td></tr>
<tr><td>纳税检查调整的销售额</td><td>4</td><td></td><td></td><td>—</td><td>—</td></tr>
<tr><td>（二）按简易征收办法征收销售额</td><td>5</td><td></td><td></td><td></td><td></td></tr>
<tr><td>其中：纳税检查调整的销售额</td><td>6</td><td>—</td><td>—</td><td>—</td><td>—</td></tr>
<tr><td>（三）免、抵、退办法出口销售额</td><td>7</td><td></td><td></td><td>—</td><td>—</td></tr>
<tr><td>（四）免税销售额</td><td>8</td><td></td><td></td><td>—</td><td>—</td></tr>
<tr><td>其中：免税货物销售额</td><td>9</td><td>—</td><td>—</td><td>—</td><td>—</td></tr>
<tr><td>免税劳务销售额</td><td>10</td><td>—</td><td>—</td><td>—</td><td>—</td></tr>
</table>

续表

项目		栏次	一般货物及劳务和应税服务		即征即退货物及劳务和应税服务	
			本月数	本年累计	本月数	本年累计
税款计算	销项税额	11				
	进项税额	12				
	上期留抵税额	13				—
	进项税额转出	14				
	免、抵、退应退税额	15			—	—
	按适用税率计算的纳税检查应补缴税额	16			—	—
	应抵扣税额合计	17=12+13－14－15+16		—		—
	实际抵扣税额	18(如17<11，则为17，否则为11)				—
	应纳税额	19=11－18				
	期末留抵税额	20=17－18				—
	简易征收办法计算的应纳税额	21				
	按简易征收办法计算的纳税检查应补缴税额	22	—	—	—	—
	应纳税额减征额	23				
	应纳税额合计	24=19+21－23				

续表

项目		栏次	一般货物及劳务和应税服务		即征即退货物及劳务和应税服务	
			本月数	本年累计	本月数	本年累计
税款缴纳	期初未缴税额（多缴为负数）	25		—	—	—
	实收出口开具专用缴款书退税额	26		—	—	—
	本期已缴税额	27＝28＋29＋30＋31		—	—	—
	（一）分次预缴税额	28		—		—
	（二）出口开具专用缴款书预缴税额	29		—	—	—
	（三）本期缴纳上期应纳税额	30		—	—	—
	（四）本期缴纳欠缴税额	31	—	—	—	—
	期末未缴税额（多缴为负数）	32＝24＋25＋26－27				
	其中：欠缴税额（≥0）	33＝25＋26－27	—	—	—	—
	本期应补（退）税额	34＝24－28－29		—		—
	即征即退实际退税额	35		—		
	期末未缴查补税额	36	—	—	—	—
	本期入库差不税额	37	—	—	—	—
	期末未缴查补税额	38＝16＋22＋36－37	—	—	—	—

授权声明	如果你已委托代理人申报，请填写下列资料：为代理一切税务事宜，现授权（　　）为本纳税人的代理申报人，任何与本申报表有关的往来文件，都可寄予此人。 授权人签字：	申报人声明	此纳税申报表是根据《中华人民共和国增值税暂行条例》的规定填报的，我相信它是真实的、可靠地、完整的。 声明人签字：

以下由税务机关填写：

收到日期：　　　　　　　　接收人：　　　　　　　　主管税务机关盖章：

增值税纳税申报表附列资料(一)

(本期销售情况明细)

税款所属时间：　　年　月　日至　　年　月　日

纳税人名称:(公章)　　　　　　　　　　　　单位:元

项目及栏次				开具税控增值税专用发票		开具其他发票		未开具发票		纳税检查调整		合计			应税服务扣除项目	扣除后	
				销售额	销项税额	销售额	销项税额	销售额	销项税额	销售额	销项税额	销售额	销项税额	价税合计		含税(免税)销售额	销项(应纳)税额
				1	2	3	4	5	6	7	8	9=1+3+5+7	10=2+4+6+8	11=9+10	12	13=11—12	14＝13/(100%＋税率或征收率)×税率或征收率
一、一般计税方法征税	全部征税项目	17%税率的货物及加工修理修配劳务	1												—	—	—
		17%税率的有形动产租赁服务	2														
		13%税率	3												—	—	—
		11%税率	4														
		6%税率	5														
	其中：即征即退项目	即征即退货物及加工修理修配劳务	6												—	—	—
		即征即退应税服务	7														

续表

项目及栏次				开具税控增值税专用发票		开具其他发票		未开具发票		纳税检查调整		合计			应税服务扣除项目	扣除后	
				销售额	销项税额	销售额	销项税额	销售额	销项税额	销售额	销项税额	销售额	销项税额	价税合计		含税(免税)销售额	销项(应纳)税额
				1	2	3	4	5	6	7	8	9=1+3+5+7	10=2+4+6+8	11=9+10	12	13=11—12	14 = 13/(100% +税率或征收率)×税率或征收率
二、简易计税方法征税	全部征税项目	6%征收率	8							—	—				—	—	—
		5%征收率	9							—	—				—	—	—
		4%征收率	10												—	—	—
		3%征收率的货物及加工修理修配劳务	11							—	—				—	—	—
		3%征收率的应税服务	12							—	—						
	其中：即征即退应税服务	即征即退货物及加工修理修配劳务	13	—	—	—	—	—	—	—	—			—	—	—	—
		即征即退应税服务	14	—	—	—	—	—	—	—	—						
三、免抵退税	货物及加工修理修配劳务		15	—	—		—		—	—	—		—	—	—	—	—
	应税服务		16	—	—		—		—	—	—		—				—
四、免税	货物及加工修理修配劳务		17				—		—	—	—		—	—	—	—	—
	应税服务		18	—	—		—		—	—	—		—				—

增值税纳税申报表附列资料(二)

(本期进项税额明细)

税款所属时间：　　年　月　日至　　年　月　日

纳税人名称：(公章)　　　　　　　　　　　　　　　　　　　　单位：元

一、申报抵扣的进项税额				
项　　目	栏次	份数	金额	税额
(一)认证相符的税控增值税专用发票	1=2+3			
其中：本期认证相符且本期申报抵扣	2			
前期认证相符且本期申报抵扣	3			
(二)其他抵扣凭证	4=5+6+7+8			
其中：海关进口增值税专用缴款书	5			
农产品收购发票或者销售发票	6			
代扣代缴税收通用缴款书	7			
运输费用结算单据	8			
6%征收率	9			
4%征收率	10			
(三)外贸企业进项税额抵扣证明	11			
当期申报抵扣进项税额合计	12=1+4+11			
二、进项税额转出额				
项　　目	档次	税额		
本期进项税转出额	13=14至23之和			
其中：免税项目用	14			
非应税项目用、集体福利、个人消费	15			
非正常损失	16			
简易计税方法征税项目用	17			
免抵退税办法不得抵扣的进项税额	18			
纳税检查调减进项税额	19			
红字专用发票通知单注明的进项税额	20			
上期留抵税额抵减欠税	21			
上期留抵税额退税	22			
其他应作进项税额转出的情形	23			
三、待抵扣进项税额				
项　　目	档次	份数	金额	税额
(一)认证相符的税控增值税专用发票	24	—	—	—
期初已认证相符但未申报抵扣	25	—	—	—
本期认证相符且本期未申报抵扣	26	—	—	—
期末已认证相符但未申报抵扣	27			
其中：按照税法规定不允许抵扣	28	—	—	—
(二)其他扣税凭证	29=30至33之和			
其中：海关进口增值税专用缴款书	30			
农产品收购发票或者租售发票	31			
代扣代缴税收通用缴款书	32		—	
运输费用结算单据	33			
四、其他				
项　　目	档次	税额		
本期认证相符的税控增值税专用发票	35			

增值税纳税申报表附列资料（三）

（应税服务扣除项目明细）

税款所属时间：　　年　月　日至　　年　月　日

纳税人名称：（公章）　　　　　　　　　　　　　　　　　　　　　　　　　　单位：元

项目及栏次	本期应税服务价税合计额（免税销售额）	应税服务扣除项目				
		期初余额	本期发生额	本期应扣除金额	本期实际扣除金额	期末余额
	1	2	3	4=2+3	5(5≤1且5≤4)	6=4-5
17%税率的有形动产租赁服务						0
11%税率的应税服务						
6%税率的应税服务						
3%征收率的应税服务						
免抵退税的应税服务						
免税的应税服务						

固定资产进项税额抵扣情况表（四）

纳税人识别号：　　　　　　　　　　　　　　　　　　纳税人名称：（公章）

填表日期：　　年　月　日　　　　　　　　　　　　　　　　　　　　　　　单位：元

项　目	当期申报抵扣的固定资产进项税额	当期申报抵扣的固定资产进项税额累计
增值税专用发票		
海关进口增值税专用缴款书		
合计		

综合纳税申报表

填表日期：　　年　月　日　　　　　　　　　　单位：元

<table>
<tr><td colspan="2">纳税人顺序号</td><td colspan="2"></td><td>纳税人名称（公章）</td><td colspan="4"></td><td colspan="2">联系电话</td><td></td></tr>
<tr><td>税种</td><td>税目（品目）</td><td>纳税项目</td><td>税款所属时间</td><td>计税依据（金额或数量）</td><td>税率</td><td>当期应纳税额</td><td>应减免税</td><td>应纳税额</td><td>已纳税额</td><td>延期缴纳税额</td><td>累计欠税余额</td></tr>
<tr><td>1</td><td>2</td><td>3</td><td>4</td><td>5</td><td>6</td><td>7＝5×6</td><td>8</td><td>9＝7－8</td><td>10</td><td>11</td><td>12</td></tr>
<tr><td></td><td></td><td></td><td></td><td></td><td></td><td></td><td></td><td></td><td></td><td></td><td></td></tr>
<tr><td></td><td></td><td></td><td></td><td></td><td></td><td></td><td></td><td></td><td></td><td></td><td></td></tr>
<tr><td></td><td></td><td></td><td></td><td></td><td></td><td></td><td></td><td></td><td></td><td></td><td></td></tr>
<tr><td></td><td></td><td></td><td></td><td></td><td></td><td></td><td></td><td></td><td></td><td></td><td></td></tr>
<tr><td colspan="3">合计</td><td></td><td></td><td></td><td></td><td></td><td></td><td></td><td></td><td></td></tr>
<tr><td colspan="4">纳税人申明</td><td colspan="3">授权人申明</td><td colspan="5">代理人申明</td></tr>
<tr><td colspan="4">本纳税申报表是按照国家税法和税法规定填报的，我确信是真实的、合法的。如有虚假，愿负法律责任。以上税款请从______账号划拨。
法定代表人签章：
财务主管签章：
经办人签章：　　　　年　月　日</td><td colspan="3">我单位（公司）现授权______为本纳税人的代理申报人，其法定代表人________，电话__________，任何与申报有关的往来文件都可寄予此代理机构。委托代理合同号码：__________
授权人（法定代表人）签章：
年　月　日</td><td colspan="5">本纳税申报表是按照国家税法和税收规定填报的，我确信是真实的、合法的。如有不实，愿承担法律责任。
法定代表人签章：
代理人签章：　　　　年　月　日</td></tr>
<tr><td colspan="12">以下由税务机关填写</td></tr>
<tr><td colspan="2">收到日期</td><td></td><td colspan="2">接收人</td><td></td><td colspan="2">审核日期</td><td></td><td colspan="3" rowspan="2">主管税务机关盖章</td></tr>
<tr><td colspan="2">审核记录</td><td colspan="7"></td></tr>
</table>

附录 《会计基础工作规范》

（2019 年修订）

第一章 总 则

第一条 为了加强会计基础工作，建立规范的会计工作秩序，提高会计工作水平，根据《中华人民共和国会计法》的有关规定，制定本规范。

第二条 国家机关、社会团体、企业、事业单位、个体工商户和其他组织的会计基础工作，应当符合本规范的规定。

第三条 各单位应当依据有关法律、法规和本规范的规定，加强会计基础工作，严格执行会计法规制度，保证会计工作依法有序地进行。

第四条 单位领导人对本单位的会计基础工作负有领导责任。

第五条 各省、自治区、直辖市财政厅（局）要加强对会计基础工作的管理和指导，通过政策引导、经验交流、监督检查等措施，促进基层单位加强会计基础工作，不断提高会计工作水平。国务院各业务主管部门根据职责权限管理本部门的会计基础工作。

第二章 会计机构和会计人员

第一节 会计机构设置和会计人员配备

第六条 各单位应当根据会计业务的需要设置会计机构；不具备单独设置会计机构条件的，应当在有关机构中配备专职会计人员。

行政事业单位会计机构的设置和会计人员的配备，应当符合国家统一行政事业单位会计制度的规定。

设置会计机构，应当配备会计机构负责人；在有关机构中配备专职会计人员，应当在专职会计人员中指定会计主管人员。

会计机构负责人、会计主管人员的任免，应当符合《中华人民共和国会计法》和有关法律的规定。

第七条 会计机构负责人、会计主管人员应当具备下列基本条件：

（一）坚持原则，廉洁奉公；

（二）具备会计师以上专业技术职务资格或者从事会计工作不少于三年；

（三）熟悉国家财经法律、法规、规章和方针、政策，掌握本行业业务管理的有关知识；

（四）有较强的组织能力；

（五）身体状况能够适应本职工作的要求。

第八条 没有设置会计机构或者配备会计人员的单位，应当根据《代理记账管理办法》的规定，委托会计师事务所或者持有代理记账许可证书的代理记账机构进行代理记账。

第九条 大、中型企业、事业单位、业务主管部门应当根据法律和国家有关规定设置总会计师。总会计师由具有会计师以上专业技术资格的人员担任。

总会计师行使《总会计师条例》规定的职责、权限。

总会计师的任命（聘任）、免职（解聘）依照《总会计师条例》和有关法律的规定办理。

第十条 各单位应当根据会计业务需要配备会计人员，督促其遵守职业道德和国家统一的会计制度。

第十一条 各单位应当根据会计业务需要设置会计工作岗位。

会计工作岗位一般可分为：会计机构负责人或者会计主管人员、出纳、财产物资核算、工资核算、成本费用核算、财务成果核算、资金核算、往来结算、总账报表、稽核、档案管理等。开展会计电算化和管理会计的单位，可以根据需要设置相应工作岗位，也可以与其他工作岗位相结合。

第十二条 会计工作岗位，可以一人一岗、一人多岗或者一岗多人。但出纳人员不得兼管稽核、会计档案保管和收入、费用、债权债务账目的登记工作。

第十三条 会计人员的工作岗位应当有计划地进行轮换。

第十四条 会计人员应当具备必要的专业知识和专业技能，熟悉国家有关法律、法规、规章和国家统一会计制度，遵守职业道德。

会计人员应当按照国家有关规定参加会计业务的培训。各单位应当合理安排会计人员的培训，保证会计人员每年有一定时间用于学习和参加培训。

第十五条 各单位领导人应当支持会计机构、会计人员依法行使职权；对忠于职守，坚持原则，做出显著成绩的会计机构、会计人员，应当给予精神的和物质的奖励。

第十六条 国家机关、国有企业、事业单位任用会计人员应当实行回避制度。

单位领导人的直系亲属不得担任本单位的会计机构负责人、会计主管人员。会计机构负责人、会计主管人员的直系亲属不得在本单位会计机构中担任出纳工作。

需要回避的直系亲属为：夫妻关系、直系血亲关系、三代以内旁系血亲以及配偶关系。

第二节 会计人员职业道德

第十七条 会计人员在会计工作中应当遵守职业道德，树立良好的职业品质、严谨的工作作风，严守工作纪律，努力提高工作效率和工作质量。

第十八条 会计人员应当热爱本职工作，努力钻研业务，使自己的知识和技能适应所从事工作的要求。

第十九条 会计人员应当熟悉财经法律、法规、规章和国家统一会计制度，并结合会计工作进行广泛宣传。

第二十条 会计人员应当按照会计法律、法规和国家统一会计制度规定的程序和要求进行会计工作，保证所提供的会计信息合法、真实、准确、及时、完整。

第二十一条 会计人员办理会计事务应当实事求是、客观公正。

第二十二条 会计人员应当熟悉本单位的生产经营和业务管理情况，运用掌握的会计信息和会计方法，为改善单位内部管理、提高经济效益服务。

第二十三条 会计人员应当保守本单位的商业秘密。除法律规定和单位领导人同意外，不能私自向外界提供或者泄露单位的会计信息。

第二十四条 财政部门、业务主管部门和各单位应当定期检查会计人员遵守职业道德的情况，并作为会计人员晋升、晋级、聘任专业职务、表彰奖励的重要考核依据。会计人员违反职业道德的，由所在单位进行处理。

第三节 会计工作交接

第二十五条 会计人员工作调动或者因故离职，必须将本人所经管的会计工作全部移交给接替人员。没有办清交接手续的，不得离职。

第二十六条 接替人员应当认真接管移交工作，并继续办理移交的未了事项。

第二十七条 会计人员办理移交手续前，必须及时做好以下工作：

（一）已经受理的经济业务尚未填制会计凭证的，应当填制完毕。

（二）尚未登记的账目，应当登记完毕，并在最后一笔余额后加盖经办人员印章。

（三）整理应该移交的各项资料，对未了事项写出书面材料。

（四）编制移交清册，列明应当移交的会计凭证、会计账簿、会计报表、印章、现金、有价证券、支票簿、发票、文件、其他会计资料和物品等内容；实行会计电算化的单位，从事该项工作的移交人员还应当在移交清册中列明会计软件及密码、会计软件数据磁盘（磁带等）及有关资料、实物等内容。

第二十八条 会计人员办理交接手续，必须有监交人负责监交。一般会计人员交接，由单位会计机构负责人、会计主管人员负责监交；会计机构负责人、会计主管人员交接，由单位领导人负责监交，必要时可由上级主管部门派人会同监交。

第二十九条 移交人员在办理移交时，要按移交清册逐项移交；接替人员要逐项核对点收。

（一）现金、有价证券要根据会计账簿有关记录进行点交。库存现金、有价证券必须与会计账簿记录保持一致。不一致时，移交人员必须限期查清。

（二）会计凭证、会计账簿、会计报表和其他会计资料必须完整无缺。如有短缺，必须查清原因，并在移交清册中注明，由移交人员负责。

（三）银行存款账户余额要与银行对账单核对，如不一致，应当编制银行存款余额调节

表调节相符，各种财产物资和债权债务的明细账户余额要与总账有关账户余额核对相符；必要时，要抽查个别账户的余额，与实物核对相符，或者与往来单位、个人核对清楚。

（四）移交人员经管的票据、印章和其他实物等，必须交接清楚；移交人员从事会计电算化工作的，要对有关电子数据在实际操作状态下进行交接。

第三十条 会计机构负责人、会计主管人员移交时，还必须将全部财务会计工作、重大财务收支和会计人员的情况等，向接替人员详细介绍。对需要移交的遗留问题，应当写出书面材料。

第三十一条 交接完毕后，交接双方和监交人员要在移交清册上签名或者盖章，并在移交清册上注明：单位名称、交接日期、交接双方和监交人员的职务、姓名、移交清册页数以及需要说明的问题和意见等。

移交清册一般一式三份，交接双方各执一份，存档一份。

第三十二条 接替人员应当继续使用移交的会计账簿，不得自行另立新账，以保持会计记录的连续性。

第三十三条 会计人员临时离职或者因病不能工作且需要接替或者代理的，会计机构负责人、会计主管人员或者单位领导人必须指定有关人员接替或者代理，并办理交接手续。

临时离职或者因病不能工作的会计人员恢复工作的，应当与接替或者代理人员办理交接手续。

移交人员因病或者其他特殊原因不能亲自办理移交的，经单位领导人批准，可由移交人员委托他人代办移交，但委托人应当承担本规范第三十五条规定的责任。

第三十四条 单位撤销时，必须留有必要的会计人员，会同有关人员办理清理工作，编制决算。未移交前，不得离职。接收单位和移交日期由主管部门确定。单位合并、分立的，其会计工作交接手续比照上述有关规定办理。

第三十五条 移交人员对所移交的会计凭证、会计账簿、会计报表和其他有关资料的合法性、真实性承担法律责任。

第三章 会计核算

第一节 会计核算一般要求

第三十六条 各单位应当按照《中华人民共和国会计法》和国家统一会计制度的规定建立会计账册，进行会计核算，及时提供合法、真实、准确、完整的会计信息。

第三十七条 各单位发生的下列事项，应当及时办理会计手续、进行会计核算：

（一）款项和有价证券的收付；

（二）财物的收发、增减和使用；

（三）债权债务的发生和结算；

(四)资本、基金的增减;

(五)收入、支出、费用、成本的计算;

(六)财务成果的计算和处理;

(七)其他需要办理会计手续、进行会计核算的事项。

第三十八条 各单位的会计核算应当以实际发生的经济业务为依据,按照规定的会计处理方法进行,保证会计指标的口径一致、相互可比和会计处理方法的前后各期相一致。

第三十九条 会计年度自公历1月1日起至12月31日止。

第四十条 会计核算以人民币为记账本位币。

收支业务以外国货币为主的单位,也可以选定某种外国货币作为记账本位币,但是编制的会计报表应当折算为人民币反映。

境外单位向国内有关部门编报的会计报表,应当折算为人民币反映。

第四十一条 各单位根据国家统一会计制度的要求,在不影响会计核算要求、会计报表指标汇总和对外统一会计报表的前提下,可以根据实际情况自行设置和使用会计科目。

行政事业单位会计科目的设置和使用,应当符合国家统一行政事业单位会计制度的规定。

第四十二条 会计凭证、会计账簿、会计报表和其他会计资料的内容和要求必须符合国家统一会计制度的规定,不得伪造、变造会计凭证和会计账簿,不得设置账外账,不得报送虚假会计报表。

第四十三条 各单位对外报送的会计报表格式由财政部统一规定。

第四十四条 实行会计电算化的单位,对使用的会计软件及其生成的会计凭证、会计账簿、会计报表和其他会计资料的要求,应当符合财政部关于会计电算化的有关规定。

第四十五条 各单位的会计凭证、会计账簿、会计报表和其他会计资料,应当建立档案,妥善保管。会计档案建档要求、保管期限、销毁办法等依据《会计档案管理办法》的规定进行。

实行会计电算化的单位,有关电子数据、会计软件资料等应当作为会计档案进行管理。

第四十六条 会计记录的文字应当使用中文,少数民族自治地区可以同时使用少数民族文字。中国境内的外商投资企业、外国企业和其他外国经济组织也可以同时使用某种外国文字。

第二节　填制会计凭证

第四十七条 各单位办理本规范第三十七条规定的事项,必须取得或者填制原始凭证,并及时送交会计机构。

第四十八条 原始凭证的基本要求是:

(一)原始凭证的内容必须具备:凭证的名称;填制凭证的日期;填制凭证单位名称或者填制人姓名;经办人员的签名或者盖章;接受凭证单位名称;经济业务内容、数量、单价和金额。

（二）从外单位取得的原始凭证，必须盖有填制单位的公章；从个人取得的原始凭证，必须有填制人员的签名或者盖章。自制原始凭证必须有经办单位领导人或者其指定的人员签名或者盖章。对外开出的原始凭证，必须加盖本单位公章。

（三）凡填有大写和小写金额的原始凭证，大写与小写金额必须相符。购买实物的原始凭证，必须有验收证明。支付款项的原始凭证，必须有收款单位和收款人的收款证明。

（四）一式几联的原始凭证，应当注明各联的用途，只能以一联作为报销凭证。一式几联的发票和收据，必须用双面复写纸（发票和收据本身具备复写纸功能的除外）套写，并连续编号。作废时应当加盖“作废”戳记，连同存根一起保存，不得撕毁。

（五）发生销货退回的，除填制退货发票外，还必须有退货验收证明；退款时，必须取得对方的收款收据或者汇款银行的凭证，不得以退货发票代替收据。

（六）职工公出借款凭据，必须附在记账凭证之后。收回借款时，应当另开收据或者退还借据副本，不得退还原借款收据。

（七）经上级有关部门批准的经济业务，应当将批准文件作为原始凭证附件。如果批准文件需要单独归档的，应当在凭证上注明批准机关名称、日期和文件字号。

第四十九条 原始凭证不得涂改、挖补。发现原始凭证有错误的，应当由开出单位重开或者更正，更正处应当加盖开出单位的公章。

第五十条 会计机构、会计人员要根据审核无误的原始凭证填制记账凭证。记账凭证可以分为收款凭证、付款凭证和转账凭证，也可以使用通用记账凭证。

第五十一条 记账凭证的基本要求是：

（一）记账凭证的内容必须具备：填制凭证的日期；凭证编号；经济业务摘要；会计科目；金额；所附原始凭证张数；填制凭证人员、稽核人员、记账人员、会计机构负责人、会计主管人员签名或者盖章。收款和付款记账凭证还应当由出纳人员签名或者盖章。

以自制的原始凭证或者原始凭证汇总表代替记账凭证的，也必须具备记账凭证应有的项目。

（二）填制记账凭证时，应当对记账凭证进行连续编号。一笔经济业务需要填制两张以上记账凭证的，可以采用分数编号法编号。

（三）记账凭证可以根据每一张原始凭证填制，或者根据若干张同类原始凭证汇总填制，也可以根据原始凭证汇总表填制。但不得将不同内容和类别的原始凭证汇总填制在一张记账凭证上。

（四）除结账和更正错误的记账凭证可以不附原始凭证外，其他记账凭证必须附有原始凭证。如果一张原始凭证涉及几张记账凭证，可以把原始凭证附在一张主要的记账凭证后面，并在其他记账凭证上注明附有该原始凭证的记账凭证的编号或者附原始凭证复印件。

一张原始凭证所列支出需要几个单位共同负担的，应当将其他单位负担的部分，开给对方原始凭证分割单，进行结算。原始凭证分割单必须具备原始凭证的基本内容：凭证名称、填制凭证日期、填制凭证单位名称或者填制人姓名、经办人的签名或者盖章、接受凭证单位名称、经济业务内容、数量、单价、金额和费用分摊情况等。

（五）如果在填制记账凭证时发生错误，应当重新填制。

已经登记入账的记账凭证，在当年内发现填写错误时，可以用红字填写一张与原内容相同的记账凭证，在摘要栏注明“注销某月某日某号凭证”字样，同时再用蓝字重新填制一张正确的记账凭证，注明“订正某月某日某号凭证”字样。如果会计科目没有错误，只是金额错误，也可以将正确数字与错误数字之间的差额，另编一张调整的记账凭证，调增金额用蓝字，调减金额用红字。发现以前年度记账凭证有错误的，应当用蓝字填制一张更正的记账凭证。

（六）记账凭证填制完经济业务事项后，如有空行，应当自金额栏最后一笔金额数字下的空行处至合计数上的空行处划线注销。

第五十二条　填制会计凭证，字迹必须清晰、工整，并符合下列要求：

（一）阿拉伯数字应当一个一个地写，不得连笔写。阿拉伯金额数字前面应当书写货币币种符号或者货币名称简写和币种符号。币种符号与阿拉伯金额数字之间不得留有空白。凡阿拉伯数字前写有币种符号的，数字后面不再写货币单位。

（二）所有以元为单位（其他货币种类为货币基本单位，下同）的阿拉伯数字，除表示单价等情况外，一律填写到角分；无角分的，角位和分位可写“00”，或者符号“——”；有角无分的，分位应当写“0”，不得用符号“—”代替。

（三）汉字大写数字金额如零、壹、贰、叁、肆、伍、陆、柒、捌、玖、拾、佰、仟、万、亿等，一律用正楷或者行书体书写，不得用0、一、二、三、四、五、六、七、八、九、十等简化字代替，不得任意自造简化字。大写金额数字到元或者角为止的，在“元”或者“角”字之后应当写“整”字或者“正”字；大写金额数字有分的，分字后面不写“整”或者“正”字。

（四）大写金额数字前未印有货币名称的，应当加填货币名称，货币名称与金额数字之间不得留有空白。

（五）阿拉伯金额数字中间有“0”时，汉字大写金额要写“零”字；阿拉伯数字金额中间连续有几个“0”时，汉字大写金额中可以只写一个“零”字；阿拉伯金额数字元位是“0”，或者数字中间连续有几个“0”、元位也是“0”但角位不是“0”时，汉字大写金额可以只写一个“零”字，也可以不写“零”字。

第五十三条　实行会计电算化的单位，对于机制记账凭证，要认真审核，做到会计科目使用正确，数字准确无误。打印出来的机制记账凭证要加盖制单人员、审核人员、记账人员及会计机构负责人、会计主管人员印章或者签字。

第五十四条　各单位会计凭证的传递程序应当科学、合理，具体办法由各单位根据会计业务需要自行规定。

第五十五条　会计机构、会计人员要妥善保管会计凭证。

（一）会计凭证应当及时传递，不得积压。

（二）会计凭证登记完毕后，应当按照分类和编号顺序保管，不得散乱丢失。

（三）记账凭证应当连同所附的原始凭证或者原始凭证汇总表，按照编号顺序，折叠整齐，按期装订成册，并加具封面，注明单位名称、年度、月份和起讫日期、凭证种类、起讫号码，由装订人在装订线封签外签名或者盖章。

对于数量过多的原始凭证，可以单独装订保管，在封面上注明记账凭证日期、编号、种类，同时在记账凭证上注明“附件另订”和原始凭证名称及编号。

各种经济合同、存出保证金收据以及涉外文件等重要原始凭证，应当另编目录，单独登记保管，并在有关的记账凭证和原始凭证上相互注明日期和编号。

（四）原始凭证不得外借，其他单位如因特殊原因需要使用原始凭证时，经本单位会计机构负责人、会计主管人员批准，可以复制。向外单位提供的原始凭证复制件，应当在专设的登记簿上登记，并由提供人员和收取人员共同签名或者盖章。

（五）从外单位取得的原始凭证如有遗失，应当取得原开出单位盖有公章的证明，并注明原来凭证的号码、金额和内容等，由经办单位会计机构负责人、会计主管人员和单位领导人批准后，才能代作原始凭证。如果确实无法取得证明的，如火车、轮船、飞机票等凭证，由当事人写出详细情况，由经办单位会计机构负责人、会计主管人员和单位领导人批准后，代作原始凭证。

第三节　登记会计账簿

第五十六条　各单位应当按照国家统一会计制度的规定和会计业务的需要设置会计账簿。会计账簿包括总账、明细账、日记账和其他辅助性账簿。

第五十七条　现金日记账和银行存款日记账必须采用订本式账簿。不得用银行对账单或者其他方法代替日记账。

第五十八条　实行会计电算化的单位，用计算机打印的会计账簿必须连续编号，经审核无误后装订成册，并由记账人员和会计机构负责人、会计主管人员签字或者盖章。

第五十九条　启用会计账簿时，应当在账簿封面上写明单位名称和账簿名称。在账簿扉页上应当附账簿启用表，内容包括：启用日期、账簿页数、记账人员和会计机构负责人、会计主管人员姓名，并加盖名章和单位公章。记账人员或者会计机构负责人、会计主管人员调动工作时，应当注明交接日期、接办人员或者监交人员姓名，并由交接双方人员签名或者盖章。

启用订本式账簿，应当从第一页到最后一页顺序编定页数，不得跳页、缺号。使用活页式账页，应当按账户顺序编号，并须定期装订成册。装订后再按实际使用的账页顺序编定页码。另加目录，记明每个账户的名称和页次。

第六十条　会计人员应当根据审核无误的会计凭证登记会计账簿。登记账簿的基本要求是：

（一）登记会计账簿时，应当将会计凭证日期、编号、业务内容摘要、金额和其他有关资料逐项记入账内，做到数字准确、摘要清楚、登记及时、字迹工整。

（二）登记完毕后，要在记账凭证上签名或者盖章，并注明已经登账的符号，表示已经记账。

（三）账簿中书写的文字和数字上面要留有适当空格，不要写满格，一般占格距的二分之一。

（四）登记账簿要用蓝黑墨水或者碳素墨水书写，不得使用圆珠笔（银行的复写账簿除外）或者铅笔书写。

（五）下列情况，可以用红色墨水记账：

1.按照红字冲账的记账凭证，冲销错误记录；

2.在不设借贷等栏的多栏式账页中，登记减少数；

3.在三栏式账户的余额栏前，如未印明余额方向的，在余额栏内登记负数余额；

4.根据国家统一会计制度的规定可以用红字登记的其他会计记录。

（六）各种账簿按页次顺序连续登记，不得跳行、隔页。如果发生跳行、隔页，应当将空行、空页划线注销，或者注明“此行空白”、“此页空白”字样，并由记账人员签名或者盖章。

（七）凡需要结出余额的账户，结出余额后，应当在“借或贷”等栏内写明“借”或者“贷”等字样。没有余额的账户，应当在“借或贷”等栏内写“平”字，并在余额栏内用“Q”表示。

现金日记账和银行存款日记账必须逐日结出余额。

（八）每一账页登记完毕结转下页时，应当结出本页合计数及余额，写在本页最后一行和下页第一行有关栏内，并在摘要栏内注明“过次页”和“承前页”字样；也可以将本页合计数及金额只写在下页第一行有关栏内，并在摘要栏内注明“承前页”字样。

对需要结计本月发生额的账户，结计“过次页”的本页合计数应当为自本月初起至本页末止的发生额合计数；对需要结计本年累计发生额的账户，结计“过次页”的本页合计数应当为自年初起至本页末止的累计数；对既不需要结计本月发生额也不需要结计本年累计发生额的账户，可以只将每页末的余额结转次页。

第六十一条 账簿记录发生错误，不准涂改、挖补、刮擦或者用药水消除字迹，不准重新抄写，必须按照下列方法进行更正：

（一）登记账簿时发生错误，应当将错误的文字或者数字划红线注销，但必须使原有字迹仍可辨认；然后在划线上方填写正确的文字或者数字，并由记账人员在更正处盖章。对于错误的数字，应当全部划红线更正，不得只更正其中的错误数字。对于文字错误，可只划去错误的部分。

（二）由于记账凭证错误而使账簿记录发生错误，应当按更正的记账凭证登记账簿。

第六十二条 各单位应当定期对会计账簿记录的有关数字与库存实物、货币资金、有价证券、往来单位或者个人等进行相互核对，保证账证相符、账账相符、账实相符。对账工作每年至少进行一次。

（一）账证核对。核对会计账簿记录与原始凭证、记账凭证的时间、凭证字号、内容、金额是否一致，记账方向是否相符。

（二）账账核对。核对不同会计账簿之间的账簿记录是否相符，包括：总账有关账户的余额核对，总账与明细账核对，总账与日记账核对，会计部门的财产物资明细账与财产物资保管和使用部门的有关明细账核对等。

（三）账实核对。核对会计账簿记录与财产物资等实有数额是否相符。包括：现金日记账账面余额与现金实际库存数相核对；银行存款日记账账面余额定期与银行对账单相核对；各种财物明细账账面余额与财物实存数额相核对；各种应收、应付款明细账账面余额与有关债务、债权单位或者个人核对等。

第六十三条 各单位应当按照规定定期结账。

（一）结账前，必须将本期内所发生的各项经济业务全部登记入账。

（二）结账时，应当结出每个账户的期末余额。需要结出当月发生额的，应当在摘要栏内注明“本月合计”字样，并在下面通栏划单红线。需要结出本年累计发生额的，应当在摘要栏内注明“本年累计”字样，并在下面通栏划单红线；12月末的“本年累计”就是全年累计发生额。全年累计发生额下面应当通栏划双红线。年度终了结账时，所有总账账户都应当结出全年发生额和年末余额。

（三）年度终了，要把各账户的余额结转到下一会计年度，并在摘要栏注明“结转下年”字样；在下一会计年度新建有关会计账簿的第一行余额栏内填写上年结转的余额，并在摘要栏注明“上年结转”字样。

第四节　编制财务报告

第六十四条　各单位必须按照国家统一会计制度的规定，定期编制财务报告。财务报告包括会计报表及其说明。

会计报表包括会计报表主表、会计报表附表、会计报表附注。

第六十五条　各单位对外报送的财务报告应当根据国家统一会计制度规定的格式和要求编制。

单位内部使用的财务报告，其格式和要求由各单位自行规定。

第六十六条　会计报表应当根据登记完整、核对无误的会计账簿记录和其他有关资料编制，做到数字真实、计算准确、内容完整、说明清楚。

任何人不得篡改或者授意、指使、强令他人篡改会计报表的有关数字。

第六十七条　会计报表之间、会计报表各项目之间，凡有对应关系的数字，应当相互一致。本期会计报表与上期会计报表之间有关的数字应当相互衔接。如果不同会计年度会计报表中各项目的内容和核算方法有变更的，应当在年度会计报表中加以说明。

第六十八条　各单位应当按照国家统一会计制度的规定认真编写会计报表附注及其说明，做到项目齐全，内容完整。

第六十九条　各单位应当按照国家规定的期限对外报送财务报告。

对外报送的财务报告，应当依次编写页码，加具封面，装订成册，加盖公章。封面上应当注明：单位名称，单位地址，财务报告所属年度、季度、月度，送出日期，并由单位领导人、总会计师、会计机构负责人、会计主管人员签名或者盖章。

单位领导人对财务报告的合法性、真实性负法律责任。

第七十条　根据法律和国家有关规定应当对财务报告进行审计的，财务报告编制单位应当先行委托注册会计师进行审计，并将注册会计师出具的审计报告随同财务报告按照规定的期限报送有关部门。

第七十一条　如果发现对外报送的财务报告有错误，应当及时办理更正手续。除更正本单位留存的财务报告外，并应同时通知接受财务报告的单位更正。错误较多的，应当重新编报。

第四章 会计监督

第七十二条 各单位的会计机构、会计人员对本单位的经济活动进行会计监督。

第七十三条 会计机构、会计人员进行会计监督的依据是：

（一）财经法律、法规、规章；

（二）会计法律、法规和国家统一会计制度；

（三）各省、自治区、直辖市财政厅（局）和国务院业务主管部门根据《中华人民共和国会计法》和国家统一会计制度制定的具体实施办法或者补充规定；

（四）各单位根据《中华人民共和国会计法》和国家统一会计制度制定的单位内部会计管理制度；

（五）各单位内部的预算、财务计划、经济计划、业务计划等。

第七十四条 会计机构、会计人员应当对原始凭证进行审核和监督。

对不真实、不合法的原始凭证，不予受理。对弄虚作假、严重违法的原始凭证，在不予受理的同时，应当予以扣留，并及时向单位领导人报告，请求查明原因，追究当事人的责任。

对记载不准确、不完整的原始凭证，予以退回，要求经办人员更正、补充。

第七十五条 会计机构、会计人员对伪造、变造、故意毁灭会计账簿或者账外设账行为，应当制止和纠正；制止和纠正无效的，应当向上级主管单位报告，请求作出处理。

第七十六条 会计机构、会计人员应当对实物、款项进行监督，督促建立并严格执行财产清查制度。发现账簿记录与实物、款项不符时，应当按照国家有关规定进行处理。超出会计机构、会计人员职权范围的，应当立即向本单位领导报告，请求查明原因，作出处理。

第七十七条 会计机构、会计人员对指使、强令编造、篡改财务报告行为，应当制止和纠正；制止和纠正无效的，应当向上级主管单位报告，请求处理。

第七十八条 会计机构、会计人员应当对财务收支进行监督。

（一）对审批手续不全的财务收支，应当退回，要求补充、更正。

（二）对违反规定不纳入单位统一会计核算的财务收支，应当制止和纠正。

（三）对违反国家统一的财政、财务、会计制度规定的财务收支，不予办理。

（四）对认为是违反国家统一的财政、财务、会计制度规定的财务收支，应当制止和纠正；制止和纠正无效的，应当向单位领导人提出书面意见请求处理。单位领导人应当在接到书面意见起十日内作出书面决定，并对决定承担责任。

（五）对违反国家统一的财政、财务、会计制度规定的财务收支，不予制止和纠正，又不向单位领导人提出书面意见的，应当承担责任。

（六）对严重违反国家利益和社会公众利益的财务收支，应当向主管单位或者财政、审计、税务机关报告。

第七十九条 会计机构、会计人员对违反单位内部会计管理制度的经济活动，应当制止和纠正；制止和纠正无效的，向单位领导人报告，请求处理。

第八十条 会计机构、会计人员应当对单位制定的预算、财务计划、经济计划、业务计划的执行情况进行监督。

第八十一条 各单位必须依照法律和国家有关规定接受财政、审计、税务等机关的监督，如实提供会计凭证、会计账簿、会计报表和其他会计资料以及有关情况，不得拒绝、隐匿、谎报。

第八十二条 按照法律规定应当委托注册会计师进行审计的单位，应当委托注册会计师进行审计，并配合注册会计师的工作，如实提供会计凭证、会计账簿、会计报表和其他会计资料以及有关情况，不得拒绝、隐匿、谎报，不得示意注册会计师出具不当的审计报告。

第五章 内部会计管理制度

第八十三条 各单位应当根据《中华人民共和国会计法》和国家统一会计制度的规定，结合单位类型和内容管理的需要，建立健全相应的内部会计管理制度。

第八十四条 各单位制定内部会计管理制度应当遵循下列原则：

（一）应当执行法律、法规和国家统一的财务会计制度。

（二）应当体现本单位的生产经营、业务管理的特点和要求。

（三）应当全面规范本单位的各项会计工作，建立健全会计基础，保证会计工作的有序进行。

（四）应当科学、合理，便于操作和执行。

（五）应当定期检查执行情况。

（六）应当根据管理需要和执行中的问题不断完善。

第八十五条 各单位应当建立内部会计管理体系。主要内容包括：单位领导人、总会计师对会计工作的领导职责；会计部门及其会计机构负责人、会计主管人员的职责、权限；会计部门与其他职能部门的关系；会计核算的组织形式等。

第八十六条 各单位应当建立会计人员岗位责任制度。主要内容包括：会计人员的工作岗位设置；各会计工作岗位的职责和标准；各会计工作岗位的人员和具体分工；会计工作岗位轮换办法；各会计工作岗位的考核办法。

第八十七条 各单位应当建立账务处理程序制度。主要内容包括：会计科目及其明细科目的设置和使用；会计凭证的格式、审核要求和传递程序；会计核算方法；会计账簿的设置；编制会计报表的种类和要求；单位会计指标体系。

第八十八条 各单位应当建立内部牵制制度。主要内容包括：内部牵制制度的原则、组织分工；出纳岗位的职责和限制条件；有关岗位的职责和权限。

第八十九条 各单位应当建立稽核制度。主要内容包括：稽核工作的组织形式和具体分工；稽核工作的职责、权限；审核会计凭证和复核会计账簿、会计报表的方法。

第九十条 各单位应当建立原始记录管理制度。主要内容包括：原始记录的内容和填制方法；原始记录的格式；原始记录的审核；原始记录填制人的责任；原始记录签署、传递、汇集要求。

第九十一条 各单位应当建立定额管理制度。主要内容包括：定额管理的范围；制定和修订定额的依据、程序和方法；定额的执行；定额考核和奖惩办法等。

第九十二条 各单位应当建立计量验收制度。主要内容包括：计量检测手段和方法；计量验收管理的要求；计量验收人员的责任和奖惩办法。

第九十三条 各单位应当建立财产清查制度。主要内容包括：财产清查的范围；财产清查的组织；财产清查的期限和方法；对财产清查中发现问题的处理办法；对财产管理人员的奖惩办法。

第九十四条 各单位应当建立财务收支审批制度。主要内容包括：财务收支审批人员和审批权限；财务收支审批程序；财务收支审批人员的责任。

第九十五条 实行成本核算的单位应当建立成本核算制度。主要内容包括：成本核算的对象；成本核算的方法和程序；成本分析等。

第九十六条 各单位应当建立财务会计分析制度。主要内容包括：财务会计分析的主要内容；财务会计分析的基本要求和组织程序；财务会计分析的具体方法；财务会计分析报告的编写要求等。

第六章 附 则

第九十七条 本规范所称国家统一会计制度，是指由财政部制定，或者财政部与国务院有关部门联合制定，或者经财政部审核批准的在全国范围内统一执行的会计规章、准则、办法等规范性文件。

本规范所称会计主管人员，是指不设置会计机构、只在其他机构中设置专职会计人员的单位行使会计机构负责人职权的人员。

本规范第三章第二节和第三节关于填制会计凭证、登记会计账簿的规定，除特别指出外，一般适用于手工记账。实行会计电算化的单位，填制会计凭证和登记会计账簿的有关要求，应当符合财政部关于会计电算化的有关规定。

第九十八条 各省、自治区、直辖市财政厅(局)、国务院各业务主管部门可以根据本规范的原则，结合本地区、本部门的具体情况，制定具体实施办法，报财政部备案。

第九十九条 本规范由财政部负责解释、修改。

第一百条 本规范自公布之日起实施。1984 年 4 月 24 日财政部发布的《会计人员工作规则》同时废止。

参考文献

[1]谭振梅,冯华.新升应用型本科院校会计实践教学模式研究[J].中国成人教育,2013.

[2]金劲彪.新建本科高校多样化应用型人才培养的改革探索[J].中国大学教学,2013(9).

[3]介晓磊.转观念强建设破难题,培养高素质应用型人才[J].中国高等教育,2013.

[4]赵莉,乔鹏程.案例研究法在经济管理研究中的应用研究[J].新会计,2013(5).

[5]董京原.会计综合实训[M].北京:高等教育出版社,2015.

[6]刘雪清.企业会计模拟实训教程[M].长春:东北财经大学出版社,2016.

[7]孙一铃.会计综合模拟实训(第三版)[M].北京:立信会计出版社,2016.

[8]于静.职业化视角下的高校会计教学模式构建与创新[J].高教学刊,2016(1).

[9]张玥.应用型本科会计综合实训教学改革探究[J].吉林工程技术师范学院报,2016(1).

[10]乔鹏程.会计人才培养中会计案例资源开发与应用[J].河南财政税务高等专科学校学报,2016(8).

[11]乔鹏程,赵莉.情景虚拟仿真技术在会计教育中应用研究[J].财会通讯,2016(12).

[12]乔鹏程.会计专业硕士(MPAcc)虚拟仿真教学实验中心建设研究[J].实验室研究与探索,2017(2).

[13]乔鹏程.会计审计专业硕士教育中虚拟仿真技术应用创新研究[J].财会月刊,2017(7).

[14]雷霞,郭昊.会计综合模拟实训(第二版)[M].南京:南京大学出版社,2017.